W0064498

HEYNE KOCHBÜCHER

HEINZ WINKLER

Drei-Sterne-Küche für zu Hause

MEISTERWERKE AUS DER
EIGENEN KÜCHE

unter Mitarbeit von Jutta Buer
mit Fotos von Reinhart Wolf

WILHELM HEYNE VERLAG
MÜNCHEN

HEYNE KOCHBUCH
07/4556

Copyright © 1984
by Südwest Verlag GmbH & Co. KG, München
Genehmigte Taschenbuchausgabe
Printed in Germany 1988
Umschlagfoto: Bruno Hausch
Umschlaggestaltung: Atelier Ingrid Schütz, München
Satz: Schaber, Wels
Druck und Bindung: Appl, Wemding

ISBN 3-453-02718-3

INHALT

Der Autor bedankt sich bei seiner Mannschaft:

Rudolf Karr	Peter Wagner
Martin Schmelzle	Peter Wimmer
Werner Licht	Peter Stang
Erwin Fürstauer	Armin Steger
Martin Klieber	Jan Brevet
Josef Fillscheider	Ludwig Kinberger
Peter Stein	Rudolf Schmolz

und bei den Pilzsammlern: Frau Böhm und Herrn Halfen

Vorwort

Wenn ich abends, nach dem Essen, durchs Restaurant gehe, um mich zu erkundigen, ob die Gäste zufrieden waren, werde ich manchmal nach dem einen oder anderen Rezept gefragt. Und oft habe ich dann den Eindruck, man meine, ich hielte mit den wichtigsten Zutaten hinterm Berg, ich verschwiege die Tricks, auf die es ankommt — so einfach könne es doch gar nicht sein, irgendein Geheimnis müsse dahinterstecken. Spätestens dann aber, wenn diese interessierten Feinschmecker mir über die Schulter in die Kochtöpfe schauen, glauben sie es mir: Kochen ist wirklich keine Hexerei.

Aber — und das ist das Geheimnis — etwas ist tatsächlich nötig, damit am Ende schmackhafte Speisen auf den Teller kommen: allerbeste Produkte von makelloser Qualität — taufrische Gemüse, maßvoll gedüngt und jung geerntet; Fleisch von Tieren, die natürlich ernährt und nicht mit Kraftfutter vollgestopft wurden; Fische aus sauberen Gewässern, die so frisch wie irgend möglich verarbeitet werden; und Früchte, die reif geerntet wurden und aus Gegenden stammen, wo optimale Bedingungen für ihr Gedeihen herrschen. Kurz: Produkte, die gut schmecken! Sonst kann auch der begabteste Koch nichts Außergewöhnliches daraus zaubern.

In meiner Heimat, in Südtirol, bin ich mit unverfälschten Nahrungsmitteln aufgewachsen. In meiner Kindheit waren Äpfel, die nach Äpfeln schmeckten, selbstverständlich. Fleisch war kernig, der Schinken mindestens ein Jahr lang luftgetrocknet. In den Wäldern gab es Pilze in Hülle und Fülle. Die Beeren waren vielleicht nicht so groß wie heute, dafür war ihr Geschmack intensiver und aromatischer. All das ist heute leider längst nicht mehr selbstverständlich: Man muß suchen, um gute Produkte zu finden! So wird für jeden, der mit diesem Buch arbeiten will, die größte Schwierigkeit sein, die entsprechenden Zutaten aufzuspüren. Aber dafür kann ich Ihnen einen Hinweis geben: Ein Händler ist meistens so gut, wie es seine Kunden von ihm fordern. Machen Sie Ihren Händler — wenn Sie spüren, daß er Sinn dafür hat — zu Ihrem Komplizen. Schicken Sie ihn auf die Suche nach einem Ziegenkitz, das nur höchstens sechs Wochen alt sein darf. Stacheln Sie seinen Ehrgeiz an, für Sie das beinahe Unmögliche zu finden. Sie werden sehen — am Ende wird er denselben Spaß daran haben wie Sie, Nahrungsmittel in hervorragender Qualität aufzuspüren.

Genauso, wie es hartnäckige Kunden geschafft haben, die deutsche Milchwirtschaft dazu zu animieren, Crème fraîche herzustellen, wird es sicher auch möglich sein, daß endlich überall Crème double zu kaufen ist, eine dicke, frische, nicht säuerliche Sahne von mindestens 45 % Fettgehalt. Für viele Saucen ist nämlich Crème fraîche einfach nicht geeignet, weil ihre Säure die zarten Aromen beeinträchtigt und verfremdet. Wie man sich in diesem Fall helfen kann, finden Sie in den »Empfehlungen« auf Seite 9.

Ein ganz persönliches Wort zum Schluß:

Die Rezepte in diesem Buch sind ein Auszug aus meiner Arbeit im »Tantris«, aber auch der Niederschlag meiner ganz persönlichen Vorlieben. Sie finden hier Gerichte der luxuriösen und aufwendigen Küche eines Restaurants — soweit sie im Haushalt nachvollziehbar sind — und gleichzeitig Einfaches, Schlichtes aus der bürgerlichen Küche.

Und so wünsche ich Ihnen Gewinn aus diesem Buch, viel Vergnügen und gutes Gelingen beim Nachkochen der Rezepte.

Persönliche Empfehlungen aus meiner Küche

Fonds

Die Rezepte dieses Buches basieren auf einer Art des Kochens, die auf vorbereiteten Fonds aufbaut. Grundrezepte für diese Fonds finden Sie auf den Seiten 281 bis 285.

Es empfiehlt sich, die benötigten Fonds in größerer Menge bei einem Arbeitsgang vorzukochen und portionsweise einzufrieren. Das benötigte Quantum kann dann jederzeit aufgetaut werden, und die schnelle, optimale Zubereitung von Saucen wird dadurch möglich.

Diese Methode der Saucen-Bereitung ist vor allem bei Fisch-Gerichten besser als die herkömmliche Art, da die Sauce mit Hilfe des Fonds bereits vor und während der Garung des Fisches zubereitet werden kann.

In der klassischen Küche hingegen mußte man ein Austrocknen des Fisches in Kauf nehmen, da die Sauce erst auf dem Garsud oder den Bratrückständen aufgebaut werden konnte. Während dieser Zeit mußte der Fisch warm gehalten werden, verlor dabei Saft und garte nach.

Crème double

Viele Rezepte enthalten als Bestandteil Crème double. Diese Sahne aus Frankreich mit einem erhöhten Fettgehalt von 45 % ist in Deutschland leider nur schwer erhältlich.

Sie können jedoch statt dessen unsere deutsche Sahne (mit

einem Mindestfettgehalt von 30%) um ein Drittel einkochen. Dadurch verdampft ein Teil der Flüssigkeit und der Fettgehalt erhöht sich auf die erwünschten 45%.

Falls die Sahne beim Reduzieren gerinnen sollte, kann sie ganz leicht mit einem Schneebesen unter Zugabe von einigen Tropfen Eiswasser glattgerührt werden.

Saucen aufschlagen

In der klassischen Küche hat man Saucen durch Zugabe von eiskalten Butterstückchen aufmontiert, also gebunden. Ich habe eine einfachere Methode gefunden, die eine geringere Buttermenge erfordert. Bei Saucen, die eine dickflüssige Konsistenz haben sollen, gebe ich die Butter mit normaler Kühlschranktemperatur einfach am Stück dazu, lasse sie verkochen und schlage die Sauce dann im Mixer bei höchster Stufe auf.

Die Bindung der Sauce ist abhängig von der Drehzahlstärke Ihres Mixers. Wenn Sie einen kleineren Mixer mit niedriger Leistung oder den Passierstab Ihres Handrührers verwenden, sollten Sie etwa ein Drittel mehr Butter zugeben, als im Rezept genannt ist.

Mögliche Fehlerquellen bei Saucen

1. *Die Sauce ist zu dünn und schmeckt leer:*

Wahrscheinlich wurde der Fond oder die zugegebene Consommé nicht genügend reduziert. Passieren Sie eventuell enthaltene Einlagen nochmals ab und lassen Sie die Sauce weiter einkochen. Dann wieder im Mixer aufschlagen und die Einlage zugeben.

2. Die Sauce ist zu dünn, aber der Geschmack ist kräftig genug:

Die Drehzahl Ihres Mixers, mit dem Sie die Sauce aufgeschlagen haben, war nicht hoch genug. Passieren Sie eventuell enthaltene Einlagen ab und lassen Sie zusätzlich etwa ein Drittel der im Rezept angegebenen Buttermenge in der Sauce verkochen. Nochmals aufschlagen und die Einlage wieder zugeben.

3. Die Sauce ist geschmacklich leer, aber dick genug:

Wahrscheinlich war Ihre Grundbrühe (Fond oder Consommé) nicht kräftig genug. Reduzieren Sie nochmals etwas davon auf ein Minimum und würzen Sie die fertige Sauce mit diesem Extrakt.

Wichtige Abkürzungen bei den Rezepten:

EL bedeutet Eßlöffel
TL bedeutet Teelöffel

Wenn nicht anders vermerkt, sind die Zutaten für
4 Personen berechnet.

Kalte Vorgerichte

Enten- oder Gänsestopfleber naturel im Pfeffermantel

nach Rudolf Karr

Das Wichtigste für dieses Rezept: eine erstklassige Enten- oder Gänsestopfleber.

Für 4—6 Personen:

1 Enten- oder Gänsestopfleber (ca. 800 g) ·
500 g Gänseschmalz · grober schwarzer Pfeffer

Gewürzmischung aus:
14 g Salz · 4 g Pökelsalz · 4 g Pfeffer ·
1 Prise Zucker

Die Leber auseinanderbrechen, die Hälften aufschneiden, vorsichtig Blutadern und Nerven entfernen. Die auseinandergeklappten Leberhälften mit der Gewürzmischung bestreuen und wieder zusammenfügen.

Die Leber in ein Tuch einrollen und ihr dabei die Form einer Salami geben. Mit Wurstgarn zusammenbinden und 12 Stunden in den Kühlschrank legen. Dadurch wird die Leber wieder fest und behält ihre Form.

Nach dieser Zeit das Tuch entfernen und die Leber in ausgelassenem, abgekühltem Gänseschmalz wenden, bis sich eine 2 mm dicke Schicht gebildet hat. Sie entsteht schnell, weil das gerade fest werdende Schmalz sofort an der eisgekühlten Leberrolle erstarrt. Anschließend die Leber in grobem Pfeffer rollen, in Aluminiumfolie einwickeln und mindestens 5 Tage im Kühlschrank aufbewahren.

Fertigstellung:

Vor dem Servieren den Pfeffer und den Fettmantel entfernen. Von der Rolle vorsichtig Scheiben abschneiden. Die Scheiben auf Tellern anrichten und nach Belieben mit Salatblättern garnieren.

Hausgebeizter Lachs

Wichtig ist hierfür ganz frischer Lachs allerbester Qualität, ohne Kopf, längs halbiert, sorgfältig entgrätet und sauber pariert.

Für 12—15 Portionen:

100 g Salz · 100 g Pökelsalz · 100 g Zucker ·
1 TL gestoßener weißer Pfeffer · 1 TL Zitronen-
schale, gehackt · 250 g Dill, gehackt ·
1 TL Koriander · 1 TL Wacholderbeeren · 1 Seite
frischer Lachs (ca. 800—1000 g)

1 l Milch · 1 l Olivenöl

Salz, Pökelsalz, Zucker, Pfeffer, Zitronenschale gut vermischen. Den gehackten Dill, Koriander und die zerdrückten Wacholderbeeren unterheben.
Diese Mischung über den Lachs streuen, mit Folie abdekken und im Kühlschrank 24—36 Stunden ziehen lassen.
Diese unterschiedliche Zeitspanne ergibt sich daraus, daß nicht jeder Lachs die Gewürze gleichmäßig aufnimmt. Deshalb sollten Sie den Lachs nach 24 Stunden probieren, um herauszufinden, ob er genügend gebeizt ist. Dann aus der Marinade nehmen und mit Wasser gut abspülen.

Fertigstellung:

Ist der Lachs fertig gebeizt, legen Sie ihn für 1 Stunde in Milch. Dabei wird er weich, denn das Salz hat ihm während des Beizens Flüssigkeit entzogen. Wird der Lachs nicht gleich verwendet, legen Sie das abgetrocknete Stück in Olivenöl. Das macht ihn besonders geschmeidig, und die Haltbarkeit erhöht sich auf bis zu 5 Tage.

Bemerkung:

Das Öl kann anschließend weiterverwendet werden, vor allem zum Braten von Fisch.

Verschiedene Meeresfische auf Kressesauce

Verwenden Sie vorzugsweise die milde französische Brunnenkresse, die bundweise verkauft wird.

Kressesauce

*1 Bund Brunnenkresse · ¹/₃ Kästchen
Gartenkresse · 10 g Petersilie, gezupft ·
10 g Kerbel, gezupft · 2 EL Spinat, blanchiert und
ausgedrückt · 5 cl Consommé · 5 cl Crème
fraîche · Salz · Pfeffer · Zitronensaft · 3 cl Weißwein · 1 cl Noilly Prat*

Garnitur

¹/₂ frische Gartengurke · Salz · 20 Kresseblätter

Meeresfische

*100 g Lachsfilet · 100 g Seezungenfilet ·
100 g Hummer oder Languste · 100 g Steinbuttfilet · Salz*

Die Kräuter waschen und hacken, mit dem gehackten Spinat und der Consommé im Mixer pürieren. Bitte nicht zu lange mixen, da die Kräuter, wenn sie warm werden, einen bitteren Geschmack annehmen. Die Flüssigkeit abpassieren und die verbleibende Masse mit der Crème fraîche verrühren. Mit Salz, Pfeffer und Zitronensaft abschmecken. Den Weißwein und den Noilly Prat in einer Sauteuse auf ein Viertel reduzieren, erkalten lassen und unter die Kressesauce mischen.

Von der Gurke die Kerne entfernen, das Fleisch in kleine Würfel schneiden und leicht salzen.

Die verschiedenen Fischstücke je nach Größe in gut gesalzenem Wasser etwa 3—4 Minuten pochieren. Auf einem Tuch abtropfen lassen.

Fertigstellung:

Die Kressesauce in tiefe Teller geben, mit einigen Kresseblättern garnieren, in die Mitte die Gurkenwürfel legen und die lauwarmen Fischstücke darauf anrichten.

Entengelee mit Kaviarsahne

Das Gelee sollte nicht schnittfest, sondern gerade erstarrt sein.

Entengelee

*Entenschenkel, -flügel und -karkassen
von 2 Enten · 50 g Staudensellerie · 1 Karotte ·
50 g Zwiebeln · 0,2 l Chablis · 4 Stück Sternanis ·
2 Eiweiß · 1 l Fond blanc oder Geflügelbrühe · Salz · 6 Blatt Gelatine*

Kaviarsahne

100 g Crème double · Salz · 5 TL Kaviar

Garnitur

16 kleine Spinatblätter, roh · Öl · Salz

Die Entenkarkassen mit dem geputzten, grob gewürfelten Gemüse ohne zusätzliches Fett leicht ansautieren, da die Karkassen genügend Eigenfett haben. Das verflüssigte Entenfett nun abgießen und mit dem Chablis ablöschen. Den Sternanis zugeben und völlig abkühlen lassen. Nach dem Erkalten wird das leicht geschlagene Eiweiß gut untergemischt und mit dem kalten Fond blanc aufgefüllt. Mit Salz abschmecken und 1 Stunde leicht köcheln lassen. Während des Kochvorgangs Schaum und Fett ständig abschöpfen. Die Brühe noch 5 Minuten stehenlassen und dann durch ein Tuch passieren. Die letzten Fettaugen mit saugfähigem Papier entfernen und eventuell nachwürzen. Die eingeweichte Gelatine darin auflösen und die Brühe im Kühlschrank erstarren lassen.

Die Crème double mit etwas Salz steif schlagen und den Kaviar unterziehen. Die Sahne sollte gut würzig schmecken.

Die rohen Spinatblätter mit etwas Öl und Salz marinieren.

Fertigstellung:

Das fest gewordene Entengelee — grob gehackt oder in Nocken abgestochen — auf gekühlten Tellern anrichten, mit den Spinatblättern garnieren und von der Kaviarsahne kleine Nocken auf das Gelee setzen.

Hausgemachte Matjesheringe

Natürlich sollten Sie hierfür echte Matjes verwenden, also junge Heringe, die noch nicht gelaicht haben. Ihre Saison dauert von Mitte November bis Mitte Februar.

Für 4—5 Personen:

Matjesheringe

6—10 frische Heringe

Marinade

*10 Wacholderbeeren · 1 Lorbeerblatt ·
1 Knoblauchzehe · 500 g weiße Zwiebeln,
in Scheiben geschnitten · 20 Pfefferkörner · 0,1 l Rotweinessig · 0,2 l Weißweinessig ·
5 cl Estragonessig · ¼ Zitrone ohne Schale ·
10 Korianderkörner · 70 g Salz · 1 TL Zucker ·
2 l Wasser*

Garnitur

saure Sahne (nach Belieben) · Schnittlauch

Die Heringe filetieren, enthäuten und in eine Wanne ein-schichten, jedoch nicht übereinander.

Sämtliche Zutaten für die Marinade zusammen aufkochen, auf die Hälfte reduzieren und abkühlen lassen.
Den lauwarmen Sud über die filetierten Heringe gießen und diese 24 Stunden im Kühlschrank durchziehen lassen.

Fertigstellung:
Die Heringsfilets mit den Zwiebeln aus der Marinade an-richten, mit heißen Pellkartoffeln und eventuell etwas sau-rer Sahne mit Schnittlauch servieren.

Gemüse-Terrine
mit Trüffel-Vinaigrette

Bei dieser Terrine können Sie Ihrer Fantasie in der Auswahl der Gemüse freien Lauf lassen. Es eignet sich alles, was Ihnen schmeckt und was Sie auf dem Markt oder im Garten finden — deshalb soll dies nur eine Anregung sein.

1 Terrinenform von 25 × 8 × 8 cm ergibt ca. 14 Portionen

Terrine

*80 g Artischockenböden · 80 g Keniabohnen ·
200 g Zucchini · 200 g Karotten · 150 g Gänseleber-Parfait · 10 Trüffelscheiben · 1 l Consommé,
geklärt · 10 Blatt Gelatine · Salz*

Vinaigrette

*6 EL Nußöl · 2 EL Himbeeressig · 2 TL Balsamico
Essig · 2 TL Trüffeljus aus der Dose · Salz ·
Pfeffer*

Die Mengenangaben beziehen sich auf fertig geputzte Gemüse. Diese sind, jede Sorte für sich, in etwas Salzwasser zu garen und in Längsscheiben zu schneiden. Die Gänseleber ebenfalls in Scheiben schneiden. Die Consommé erhitzen, die in kaltem Wasser eingeweichte Gelatine darin auflösen und salzen.

Die angegebenen Zutaten für die Vinaigrette mit den in feine Würfel geschnittenen Trüffeln sehr gut verrühren. Mit Salz und Pfeffer abschmecken.

Fertigstellung:
Den Boden der Terrine etwa 1 cm dick mit dem abgekühlten, aber noch flüssigen Gelee ausgießen und im Kühlschrank erstarren lassen oder die Terrine auf Eis stellen.

Bevor Sie nun die erste Schicht Gemüse einlegen, müssen diese in flüssigem Gelee gewendet und erst dann auf die bereits erstarrte Schicht gelegt werden. Das eingeschichtete Gemüse begießen Sie wieder mit einer Schicht Gelee, welches Sie im Kühlschrank erstarren lassen. Diesen Vorgang wiederholen Sie, bis die Terrine gefüllt ist. Vergessen Sie jedoch nicht, die Gemüse immer mit Gelee zu benetzen, da sonst die Terrine beim Aufschneiden auseinanderfällt. Zwischendurch eine Schicht mit der Gänseleber und den Trüffeln einlegen.

Die Gemüse-Terrine in Scheiben schneiden. Dies geschieht am besten mit einem elektrischen Sägemesser.

Die Gemüse-Terrinen-Scheiben mit der Trüffel-Vinaigrette servieren.

Nach Belieben mit Salat und ansautierten Gänseleberwürfeln garnieren.

Lachstatar mit Basilikum

Unkompliziert und schnell zuzubereiten, vorzüglich auch zu einem Glas trockenen Weißwein oder zum Aperitif geeignet.

400 g roher Lachs, enthäutet und entgrätet ·
Salz · Pfeffer aus der Mühle · Saft von
½ Zitrone · 1 EL Olivenöl · 4 Basilikumblätter

Garnitur
Feldsalat, in Öl und Salz mariniert ·
Brot-Croûtons

Vom Lachs die dunklen Fettstellen wegschneiden, das Fleisch ganz klein würfeln und mit Salz, Pfeffer, Zitronensaft und Olivenöl abschmecken. Die feingeschnittenen Basilikumblätter zugeben und gut vermischen.

Fertigstellung:

Das Lachstatar mit etwas Feldsalat auf Tellern anrichten und mit Brot-Croûtons servieren.
Nach Belieben kann das Tatar auch mit Kaviar gereicht werden.

Bemerkung:

Es ist unbedingt wichtig, zur Zubereitung des Tatars einen ganz frischen und frisch filetierten Lachs zu verwenden. Nur dann ist der Geschmack hervorragend.

Garnelen auf Salat mit Zitronendressing

Verwenden Sie dafür unbedingt frische Garnelen; nur im Notfall roh eingefrorene von bester Qualität, die Sie langsam auftauen lassen, am besten über Nacht im Kühlschrank. In jedem Fall ungeeignet sind bereits abgekochte Garnelen.

Garnelen
1 l Wasser · Salz · ½ TL Kümmel · 300 g Garnelen

Zitronendressing
8 EL Olivenöl · 4 EL Keimöl · Saft von
2 Zitronen · Salz · Pfeffer

Salat
10 Kopfsalatblätter vom Herzen · 2 Avocados

Das Wasser mit Salz und Kümmel aufkochen, die Garnelen darin 2—3 Minuten garen. Dann die Schwänze aus den Schalen lösen.

Oliven- und Keimöl mit dem Zitronensaft, Salz und Pfeffer im Mixer bis zur Bindung mixen. Das Olivenöl muß vor der Verwendung sehr kalt sein.

Die Kopfsalatblätter in feine Streifen schneiden. Das ausgelöste Avocadofleisch würfeln.
Beides mit reichlich Zitronendressing vermischen.

Fertigstellung:
Den angemachten Salat auf Tellern anrichten. Die Garnelen darüber verteilen.

Gänseleber-Parfait mit Trauben in Traminer-Gelee

Bedarf einiger Sorgfalt beim Anrichten, ist aber sonst unkompliziert zuzubereiten. Besonders praktisch für Gäste, weil es sich bequem im voraus herstellen und anrichten läßt.

Gänseleber-Parfait

*1 Gänseleber von ca. 600 g · 10 g Salz ·
2 cl Portwein, rot · 1 cl Traminer Auslese ·
ca. 500 g grüner Speck, vom Metzger
in große Scheiben (parallel zur Schwarte)
geschnitten*

Traminer-Gelee

*ca. 200 g Geflügelkarkassen (wenn vorhanden) ·
30 g Staudensellerie · 30 g Karotte · 30 g Lauch ·
10 g Butter · 0,3 l Traminer Auslese · 2 Eiweiß ·
$^1/_2$ l kräftiger Geflügelfond · Salz · 4 Blatt Gelatine*

Trauben

*150 g kernlose, nicht zu süße Trauben
(z. B. Sultanas oder Muskattrauben)*

Garnitur

4 Weinblätter (frisch abgekocht oder aus dem Glas)

Gänseleber enthäuten, der Länge nach aufschneiden und auseinanderklappen. Von allen Adern und Nerven befreien, überall salzen, mit Portwein und Traminer aromatisieren. Eine Terrinenform mit dem Speck auskleiden, so daß die Enden ein Stück über den Rand hängen. Die Gänseleber hineindrücken und die Speckenden darüberklappen, damit die Gänseleber gut eingeschlossen ist. Mit einem passend geschnittenen Brett bedecken und mit einem Gewicht von ca. 250 g beschweren.

Mindestens 1–2 Tage im Kühlschrank marinieren lassen. Der Gänseleber kann man nach Belieben eine runde Form geben, indem man sie in ein Tuch einschlägt, anstatt sie in die Terrine zu pressen.

Für das Gelee die Geflügelkarkassen mit den geputzten und grob gewürfelten Gemüsen in der Butter ansautieren. Falls keine Karkassen zur Hand sind, ist es auch ausreichend, wenn Sie nur die Gemüse ansautieren. Mit dem Traminer ablöschen und völlig erkalten lassen. Das Eiweiß leicht schlagen und gut daruntermischen. Mit der kalten Brühe auffüllen, zum Kochen bringen und ca. 10 Minuten köcheln lassen, salzen. Alles noch 5 Minuten stehenlassen und dann durch ein Tuch passieren.

Die Gelatine in kaltem Wasser einweichen, ausdrücken und in der Brühe auflösen. Zum Abkühlen in den Kühlschrank stellen.

Die Trauben waschen, von den Stielen zupfen und halbieren.

Fertigstellung:

Auf großen, flachen Tellern mit dem erkalteten, aber noch nicht erstarrten Gelee einen kleinen Spiegel gießen. Die Leber vom Speck befreien und in Scheiben schneiden. Die

24

Parfait-Scheiben mit den halbierten Trauben und den Weinblättern auf dem Geleespiegel anrichten. Alles erneut mit Gelee überziehen und zum Erstarren in den Kühlschrank stellen.

Kaninchenfilet mit Nieren und Leber auf Feldsalaten

Achten Sie darauf, daß Sie hierfür junge, also kleine Kaninchen bekommen. Sie sind besonders zart.

Vinaigrette
5 EL Olivenöl · 1 TL Sherry-Essig · 1 TL weißer Estragonessig · 1 TL Weißweinessig · 1 TL roter Estragonessig · Salz · Pfeffer

Salate
100 g Feldsalat · 10 g Friséesalat · 5 g Kerbel · 5 g Basilikum

Kaninchenfilet
200—250 g Kaninchenfilet, ausgelöst (entspricht 2 Kaninchenrücken) · 120 g Kaninchenleber · 4 Kaninchennieren · Butter zum Braten · Salz · Pfeffer

Das Öl mit den verschiedenen Essigsorten verrühren, mit Salz und Pfeffer würzen.

Die Salate waschen und putzen, den Kerbel zupfen und die Basilikumblätter in feine Streifen schneiden.

Die Kaninchenfilets von Haut und Sehnen befreien, die Filets würzen und rosa braten. Die Kaninchenleber und -nieren kurz anbraten, salzen und pfeffern.

Fertigstellung:

Die Salate mit der Vinaigrette anmachen.

Die Kaninchenfilets in dünne Scheiben schneiden, ebenso Leber und Nieren. Den Salat auf Teller verteilen und Kaninchenfiletscheiben, Nieren und Leber darauf anrichten.

Tauben-Terrine
mit Herbsttrompeten

Vorsicht beim Aufschneiden, damit die Scheiben nicht auseinanderfallen. Am besten geht es mit einem elektrischen Messer.

1 Terrine von 30 cm Länge ergibt
ca. 20 Scheiben

Tauben-Terrine

4 Tauben à 450—550 g

Farce

*350 g Keulenfleisch von den 4 Tauben (ohne
Sehnen und Haut) · 150 g Schweinesattel ·
350 g Flomen oder grüner Speck · 14 g Salz ·
7 g Pökelsalz · 10 cl Portwein · 1 Ei ·
Pfeffer aus der Mühle · 100 g Gänseabfälle ·
Muskatblüte, gemahlen · 1 cl Armagnac*

*5 cl Madeira · 8 cl Portwein · 4 cl Crème
double · 0,2 l reduzierter Geflügelfond · 4 cl Kalbsblut (wenn erhältlich)*

Einlage

*100 g Herbsttrompeten · 15 g Butter ·
1 Schalotte · Salz · Pfeffer · 200 g Gänseleber-Parfait · 8 Taubenbrüstchen ·
10 Scheiben grüner Speck, dünn geschnitten*

Die Tauben ausnehmen, abflämmen und die Brüste von den Karkassen schneiden. Die Keulen abtrennen und das Fleisch von den Knochen lösen, von Sehnen und Haut befreien.

Taubenkeulen, Schweinefleisch und Speck in grobe Würfel schneiden. Mit Salz, Portwein, Ei, Pfeffer, Gänseleberabfällen, Muskatblüte und Armagnac 1 Tag marinieren. Speck oder Flomen aus der Marinade nehmen, auf einem Tuch gut abtropfen lassen und zweimal durch die feine Scheibe des Fleischwolfes drehen. Kühl stellen.

Anschließend das Fleisch aus der Marinade nehmen und den Arbeitsvorgang wie beim Speck wiederholen. Gänseleberabfälle unter die Fleischmasse mengen.

Den Madeira mit dem Portwein auf die Hälfte reduzieren und erkalten lassen. Die Speckmasse im Blitzhacker zerkleinern und wieder kühl stellen. Die Fleischmasse ebenfalls in den Blitzhacker geben und die gut gekühlte Crème double sowie Geflügelfond, Südwein-Reduktion und das Blut zusammen mixen. Anschließend die Speckmasse mit der Farce vermischen und nochmals kurz durchmixen. Kühl stellen.

Die Trompetenpilze waschen, gut abtrocknen, mit der Butter und der feingeschnittenen, gewaschenen Schalotte in einer Pfanne kurz ansautieren. Mit Salz und Pfeffer abschmecken.

Gänseleber-Parfait in Stücke brechen.

Die Taubenbrüstchen leicht salzen.

Fertigstellung:

Die Terrinenform mit Speck auslegen, so daß die Enden überhängen.

Der Farce die Trompetenpilze und das Gänseleber-Parfait beimengen. Den Boden der Terrine damit bestreichen und vier der Taubenbrüstchen einlegen.

Wieder mit Farce bestreichen, mit den restlichen Brüsten belegen und mit der verbliebenen Farce bedecken. Die Speckenden über die Terrine klappen und diese in einem Wasserbad bei ca. 90°C im Ofen 1½ Stunden garen. Die Terrine mit dem Wasserbad aus dem Ofen nehmen und weitere 30 Minuten im Wasser ruhen lassen. Die noch lauwarme Terrine mit einem passenden Brett bedecken und mit einem Gegenstand beschweren.

Bemerkung:

Die Terrine sollte 1—2 Tage im Kühlschrank durchziehen, bevor sie serviert wird.

Sie können selbstverständlich auf der gleichen Basis auch mit anderen Fleisch- oder Geflügelsorten Terrinen zubereiten.

Komposition von
Kalbshirn und Züngerl
in Schnittlauch-Vinaigrette

Wie alle Innereien müssen Hirn und Züngerl makellos frisch, höchstens 1 Tag alt sein. Wichtig ist außerdem: Das Züngerl muß butterweich gekocht sein.

Zunge

1 Kalbszunge · 2 Lorbeerblätter · 1 Zwiebel ·
1 Stück Staudensellerie · 5 Pfefferkörner ·
Salz

Hirn

1 l Fond blanc, kräftig · 1 Lorbeerblatt ·
1 kleine Karotte · 1 Stück Staudensellerie ·
1 Stück Lauch · 2 cl Weißwein, trocken ·
2 Kalbshirne

Vinaigrette

3 EL Olivenöl · 1 EL Rotweinessig ·
1 TL Balsamico-Essig · Salz · Pfeffer aus der
Mühle · 2 EL Schnittlauch · 3 Schalotten ·
1 Tomate, mittelgroß

Garnitur

Kresseblätter · Radieschen

Die Zunge mit den übrigen Zutaten in einem Topf mit Wasser aufsetzen und 45—60 Minuten kochen lassen. Herausnehmen, unter fließendem kalten Wasser abspülen und die Haut abziehen. Bis zur späteren Verwendung zurück in den Sud legen und diesen leicht salzen.

Den Fond blanc mit dem Lorbeerblatt, den geputzten, grob gewürfelten Gemüsen und dem Weißwein aufkochen. Das

Hirn in lauwarmem Wasser wässern, unter fließendem Wasser die Haut abziehen und das Blut sorgfältig abwaschen. In dem Sud 10 Minuten gar ziehen lassen.

Das Öl mit den zwei Essigsorten gut verrühren, mit Salz und Pfeffer abschmecken. Schnittlauch und die gewaschenen und feingeschnittenen Schalotten zugeben. Tomate enthäuten, entkernen und in feine Würfel schneiden. Mit der Vinaigrette vermischen.

Fertigstellung:
Die Zunge und das Hirn in ca. 1 cm dicke Scheiben schneiden und auf leicht angewärmten Tellern im Wechsel kreisförmig anrichten. Mit Kresseblättern und Radieschenstiften garnieren. Mit der Vinaigrette überziehen.

Ich empfehle als Beilage kleine neue Pellkartoffeln.

Warmer Kalbskopf in Salsa verde

Ein Gericht, bei dem der Kalbskopf keineswegs eine deftige Angelegenheit ist. Die Salsa verde ist längst nicht so fett wie eine Vinaigrette.

Kalbskopf
½ Kalbskopf-Maske (also ohne Knochen)

Sud
1 Lorbeerblatt · 10 Pfefferkörner · 1 Zwiebel, gespickt mit 2 Nelken · Salz

Salsa verde

*70 g krause Petersilie · 30 g glatte Petersilie ·
130 g Essiggurke · 2 Sardellenfilets ·
1 Schalotte · 10 Kapern · 2 EL Rotweinessig ·
2 EL Olivenöl · Salz · Pfeffer*

Ich empfehle, den ½ Kalbskopf säuberlich ausgelöst und
pariert beim Metzger zu kaufen. Er wird nun 1 Stunde in
warmem Wasser gewässert und in einem hohen Topf (ca.
35 cm Ø) mit kaltem Wasser bedeckt, unter Zugabe der Gewürze ca. 1½ Stunden gut weichgekocht. Nach Beendigung
der Kochzeit den Sud leicht salzen und den Kalbskopf bis
zum Servieren im heißen Sud ruhen lassen.

Petersilie, Essiggurken, Sardellen, Schalotte und Kapern
durch die feine Scheibe des Fleischwolfes drehen oder im
Mixer ganz fein hacken. Mit Essig und Öl verrühren, mit
Salz und Pfeffer abschmecken.

Fertigstellung:

Den Kalbskopf in 4 × 4 cm große Stücke schneiden und warm
mit der kalten Kräutersauce servieren.

Bemerkung:

Am besten schmecken dazu neue kleine Pellkartoffeln.

Lachs-Terrine mit Tomaten und Gartengurken

Eine praktische Vorspeise, weil man sie schon Stunden vorher fertigstellen kann und sie nur noch rasch anrichten muß, wenn sich die Gäste zu Tisch setzen.

1 Terrine von 24 cm Länge ergibt
ca. 15 Scheiben

Kräuterextrakt

*300 g Spinat · 200 g Petersilie · 50 g Kerbel ·
1 Bund Schnittlauch · 2 Estragonzweige ·
4 Basilikumblätter · Salz*

Farce

*500 g Hechtfleisch · Salz · Pfeffer ·
2—3 ganze Eier · ½ l Crème double ·
Kräuterextrakt (siehe oben) · Muskatnuß ·
4 EL Noilly Prat · 4—5 EL geschlagene Sahne*

Lachs

300 g Lachs · Salz · 5 Scheiben grüner Speck

Garnitur (für 4 Personen)

*1 kleine Salatgurke · 2 mittelgroße
Tomaten · 2 EL Crème double · 1 Zweig
Dill · Salz · etwas Zitronensaft*

Den Spinat und die Kräuter gründlich waschen, vermischen und im Mixer (eventuell in zwei Arbeitsgängen) mit etwas Wasser pürieren. Das Püree durch ein Spitzsieb passieren und die gewonnene Flüssigkeit mit etwas Salz aufkochen. Dabei setzen sich die Kräuterbestandteile an der Oberfläche ab. Diese mit dem Schaumlöffel abschöpfen und auf einem Tuch abtropfen lassen.

Alle Zutaten für die Farce sollten vor der Verarbeitung gut gekühlt sein.

Das Hechtfleisch mit Salz und Pfeffer würzen, durch die feine Scheibe des Fleischwolfes drehen. Anschließend im Blitzhacker zerkleinern und dabei die Eier zugeben. Nach und nach die Crème double einarbeiten.

Die Hechtmasse in einer Metallschüssel auf Eis setzen und die gut ausgedrückte Kräutermasse untermischen. Alles durch ein Haarsieb passieren, mit Salz, Pfeffer und Muskatnuß würzen. Den Noilly Prat auf die Hälfte einkochen und völlig erkalten lassen. Mit der Farce vermischen. Die geschlagene Sahne unterziehen.

Den Lachs quer in ca. 2 cm dicke und 5 cm breite Scheiben schneiden, leicht salzen.

Die Gurke schälen, halbieren und das Kerngehäuse entfernen. Das Gurkenfleisch in streichholzdicke Stäbchen schneiden. Leicht salzen. Die Tomaten enthäuten, entkernen und in feine Streifen schneiden. Crème double mit Dill, Salz und eventuell Zitronensaft würzen, die Tomaten- und Gurkenstifte damit anmachen.

Fertigstellung:

Die Terrine mit Speckscheiben auslegen und mit der Farce eine Schicht ausstreichen. Die Hälfte der Lachsstreifen einlegen. Den Vorgang wiederholen und die Terrine mit der restlichen Farce bedecken. Die überhängenden Speckscheiben darüberschlagen und damit die Terrine verschließen. Im Wasserbad bei 110°C 1½ Stunden pochieren. Abkühlen und dann einige Stunden im Kühlschrank fest werden lassen.

Vor dem Servieren stürzen, den Speck entfernen, die Terrine in ca. 15 mm dicke Scheiben schneiden. Jeweils eine Scheibe mit dem Tomaten-Gurken-Salat anrichten.

Bemerkung:

Die Terrine sollte am Tag der Zubereitung serviert werden.

Wachtelbrüstchen auf Feldsalat mit Kartoffeln und weißen Trüffeln

Der Preis, den Sie für weiße Trüffeln bezahlen, ist nur gerechtfertigt, wenn die Trüffeln wirklich frisch sind, d. h. stark riechen, denn das Aroma liegt mehr im Geruch als im Geschmack.

Das volle, köstliche Aroma der Trüffeln kommt nur zur Geltung, wenn sie hauchdünn aufgeschnitten werden. Besorgen Sie sich deshalb unbedingt einen speziellen Trüffelhobel.

Vinaigrette für den Feldsalat

*½ TL Sherry-Essig · ½ TL Weißweinessig ·
½ TL weißer Estragonessig · ½ TL roter Estragonessig · 2 EL Olivenöl · Salz · Pfeffer*

Kartoffeln und Marinade

*4 Salatkartoffeln · 1 Eigelb · ½ TL Senf mit
grünem Pfeffer · 3 EL Sherry-Essig · 2 EL Weißwein, trocken · 2 EL Fleischbrühe · ⅛ l Öl*

Feldsalat

80—100 g Feldsalat · 40 g Friséesalat

Wachtelbrüstchen

4 Wachteln · Salz · Pfeffer · Öl zum Braten

Garnitur

30—40 g weiße Trüffel

Die angegebenen Zutaten für die Vinaigrette gut verrühren.

Die Kartoffeln in der Schale kochen, schälen und in dünne Scheiben schneiden.

Aus den übrigen Zutaten eine Marinade herstellen, einen

tiefen Teller damit bedecken, die warmen Kartoffelscheiben hineingeben und die restliche Sauce darüber verteilen. Die Kartoffeln an einem warmen Ort ziehen lassen.

Die Marinade sollte einen stark säuerlichen Geschmack haben, damit die Kartoffeln später kräftig und herzhaft schmecken.

Feld- und Friséesalat putzen, waschen und sorgfältig trocknen.

Die Wachteln mit Salz und Pfeffer würzen.
Etwas Öl in einer Pfanne erhitzen und die Wachteln hineingeben, im vorgeheizten Ofen bei 250°C 6 Minuten braten. Herausnehmen und 5 Minuten ruhen lassen.

Die Trüffel unter fließendem Wasser gründlich bürsten.

Fertigstellung:
Feld- und Friséesalat mit der Vinaigrette anmachen, auf vorgewärmte Teller verteilen und die marinierten Kartoffelscheiben darauf anrichten.
Die Wachtelbrüstchen auslösen, in dünne Scheiben schneiden und auf dem Salat anrichten. Die weiße Trüffel darüberhobeln.

Räucherlachs-Parfait
mit Feldsalat und Wachteleiern

Eine ideale Möglichkeit, den Rest einer Lachsseite zu verwenden.

Für 15 Personen:

Parfait

*500 g Räucherlachs · 0,1 l Noilly Prat ·
0,3 l Weißwein · ½ l Fond blanc · 0,8 l Crème
double · Salz · Pfeffer · Zitronensaft ·
7 Blatt Gelatine · 1 EL Dill, fein geschnitten ·
½ l Schlagsahne*

Garnitur (pro Person)

*25 g Feldsalat · 2 Wachteleier · Essigwasser ·
1 EL Vinaigrette*

Beim Lachs die vom Räuchern ausgetrocknete Außenschicht und die Haut wegschneiden. Falls Gräten vorhanden sind, mit einer Pinzette herausziehen. Diese Abfälle in einem Topf erhitzen, mit Noilly Prat und Weißwein ablöschen. Kurz ankochen und mit dem Fond blanc aufgießen. Auf ein Fünftel reduzieren, mit Crème double auffüllen und weitere 10 Minuten leicht kochen lassen. Mit Salz, Pfeffer und Zitronensaft abschmecken, die in kaltem Wasser eingeweichte Gelatine zugeben, gut durchrühren und abpassieren. Die Hälfte des Räucherlachses in grobe Würfel schneiden und mit der heißen Sauce im Mixer pürieren.

Den restlichen Lachs sehr fein würfeln und mit dem Dill zugeben. Die Masse auf ca. 30°C abkühlen lassen und die halbsteif geschlagene Sahne unterheben.

Eine Kastenform (von 35 cm Länge) mit Frischhaltefolie auslegen und die Parfait-Masse einfüllen. Für mindestens 4 Stunden kühl stellen.

Den Feldsalat waschen und putzen. Die Wachteleier in leichtem Essigwasser unterhalb des Siedepunktes pochieren.

Fertigstellung:

Die Kastenform stürzen, die Folie entfernen und das Parfait in Scheiben schneiden.
Den Salat mit der Vinaigrette anmachen.
Je 1 Scheibe Parfait auf Tellern anrichten, mit Feldsalat und Wachteleiern garnieren.

Putenleber auf Linsensalat

Die Putenleber soll groß und ganz frisch sein, damit sie beim Braten nicht porös wird.

Linsensalat

100 g Salatlinsen · 60 g Speck · 50 g Feldsalat ·
50 g Friséesalat · 50 g Roquetsalat
(oder andere Salate)

Vinaigrette

1 EL Nußöl · 1 TL Balsamico-Essig ·
1 TL Sherry-Essig · 1 Schalotte, fein geschnitten ·
1 EL Petersilie, gehackt · Salz · Pfeffer

Putenleber

400 g Putenleber (möglichst groß) · Butter zum
Braten · Salz · Pfeffer

Die Linsen 1 Stunde in lauwarmem Wasser einweichen und 5 Minuten in frischem Salzwasser kochen. Auf einem Sieb abtropfen lassen. Den Speck in feine Streifen schneiden und in einer Pfanne knusprig braten. Auf einem Tuch das überschüssige Fett abtropfen lassen. Die Salate putzen, waschen und trockenschleudern.

Das Öl mit den beiden Essigsorten gut durchschlagen. Die feingewürfelte und gewaschene Schalotte mit der feingehackten Petersilie zugeben, mit Salz und Pfeffer abschmekken.

Die beiden Leberhälften auseinanderschneiden, von Sehnen und eventuellen Galleresten befreien. In 5 mm dünne, möglichst große Scheiben schneiden.

Fertigstellung:

Die grünen Salate mit Vinaigrette anmachen. Auf Tellern anrichten. Die Linsen mit dem Speck und der restlichen Vinaigrette in einer Sauteuse etwas erwärmen und locker über die Salate streuen. Die Leberscheiben in heißer Butter rosa braten. Mit Salz und Pfeffer würzen, auf den Salaten anrichten.

Bemerkung:

Nur frische Linsen sind in der angegebenen Zeit auch wirklich weich. Je älter sie sind, desto länger muß man sie einweichen und kochen — das muß probiert werden!

Kartoffel-Crêpes mit Kaviar, Lachs und Wachteleiern

Nehmen Sie für die Kartoffel-Crêpes eine mehlige Kartoffelsorte, z.B. Bintje, Grata oder Irmgard, und verwenden Sie einen milden Kaviar.

Crêpes
500 g Kartoffeln · 1 Ei · Salz · Pfeffer · Muskatnuß · etventuell 1 EL Schlagsahne

Wachteleier
12 Wachteleier

Sauce
100 g Crème fraîche, ganz frisch · Milch · Salz · Zitronensaft · Dillzweige

Garnitur
160 g Räucherlachs, in dünnen Scheiben · 100 g Kaviar

Die Kartoffeln schälen, kochen und grob zerkleinert im Ofen ausdampfen lassen. Durch eine Kartoffelpresse drücken. Das Ei untermischen, mit Salz, Pfeffer und Muskat würzen. Sollte die Masse noch zu fest sein, ziehen Sie 1 EL geschlagene Sahne unter.

Die Wachteleier in Salzwasser 2,5 Minuten kochen, abschrecken und vorsichtig schälen.

Die Crème fraîche mit dem Schneebesen glattrühren, eventuell mit etwas Milch verdünnen, mit Salz und Zitronensaft abschmecken.
Von den Spitzen der Dillzweige kleine Sträußchen zupfen.

Fertigstellung:

Mehrere eßlöffelgroße Portionen der Crêpe-Masse in eine heiße Eisen- oder Teflonpfanne geben und mit (nassem) Löffel flach drücken, so daß kleine Küchlein von 5 mm Höhe entstehen. Die eine Seite auf der Herdplatte Farbe nehmen lassen. Dann im heißen Ofen 2—3 Minuten weitergaren. Die Küchlein wenden, und, wieder auf dem Herd, auch die andere Seite goldbraun braten.

Die heißen Crêpes auf angewärmte Teller geben, den Lachs kreisförmig um die Crêpes anrichten. Die Wachteleier dazwischen legen und mit der angemachten Crème fraîche nappieren. Mit den Dillsträußchen garnieren und den Kaviar in der Mitte der Crêpes anrichten.

Tomaten-Mousse
mit Seeteufel-Medaillons

Sollten Sie vor allem im Sommer versuchen mit vollreifen, aromatischen Freiland-Tomaten.

Mousse

500 g Tomaten, vollreif und aromatisch ·
50 g Butter · Salz · Estragonessig · Zucker ·
4 Blatt Gelatine · 1 EL Schlagsahne

Seeteufel-Medaillons

1 Seeteufelfilet von ca. 400 g · Salz ·
1 TL Weißwein

Garnitur

4 Wachteleier · ½ Bund Gartenkresse

Die Tomaten halbieren und mit der Butter so lange verkochen, bis eine dickbreiige Sauce entstanden ist. Durch ein Haarsieb streichen, so daß Häute und Kerne zurückbleiben.

Mit Salz, Estragonessig und eventuell Zucker abschmecken, im Mixer kurz aufschlagen.

Die Gelatine in kaltem Wasser einweichen und in der noch warmen Mousse auflösen. Abkühlen lassen, bis die Gelatine angezogen hat, mit dem Schneebesen kräftig durchschlagen und die geschlagene Sahne unterziehen.

Das Filet in 1 cm dicke Medaillons schneiden, salzen, mit 1 EL Wasser und dem Weißwein in einer Sauteuse im Ofen pochieren.

Die Wachteleier hart kochen und schälen.

Fertigstellung:

Die Mousse nochmals gut durchschlagen, mit einem nassen Eßlöffel je eine Nocke abstechen und auf die Teller geben. Die Seeteufel-Medaillons lauwarm daneben anrichten, mit den Wachteleiern und der Kresse garnieren.

Steinpilze und Kalbsbries
auf Feldsalat

Die Steinpilze sollten möglichst klein und makellos sein, die hellbraunen Hüte müssen trocken und seidig schimmern, sie dürfen auf keinen Fall feucht glänzen oder gar schmierig wirken.

250 g Kalbsbries · Salz · etwas Mehl ·
40 g Butter · Pfeffer · 200 g Steinpilze · etwas Öl ·
50 g Feldsalat · 30 g Friséesalat

Vinaigrette

½ TL Sherry-Essig · ½ TL Weißweinessig ·
½ TL weißer Estragonessig · ½ TL roter Estragon-
essig · 3 EL Olivenöl · Salz · Pfeffer

Croûtons

20 g Butter · 8 Scheiben Baguette (ca. 1 cm dick) ·
1 Knoblauchzehe

Das Kalbsbries wässern, enthäuten und auf einem Tuch gut trockentupfen. Salzen und leicht mehlen. Die Butter erhitzen und das Kalbsbries darin goldbraun braten. Mit Pfeffer würzen.

Die Steinpilze putzen und in ca. 5 mm dicke Scheiben schneiden. In wenig Öl von beiden Seiten rasch braun braten. Salzen und auf einem Tuch das überschüssige Fett abtupfen.

Feld- und Friséesalat putzen und waschen.

Die Zutaten für die Vinaigrette kräftig miteinander verrühren.

Die Butter in einer Pfanne erhitzen und die Brotscheiben darin goldgelb braten. Die Knoblauchzehe schälen und die Croûtons damit leicht einreiben.

Fertigstellung:

Die Salate mit der Vinaigrette anmachen und auf Tellern anrichten. Die Steinpilze und das Kalbsbries darauf verteilen und die Croûtons dazu servieren.

Bemerkung:

Das Kalbsbries etwa 1 Stunde lang wässern, bis es schön weiß geworden ist; dabei das Wasser immer wieder erneuern. Kaufen Sie nur schönes helles Bries, rötliches Bries sollten Sie nicht verwenden.

Hummer-Mousse

Was Sie teuer mitbezahlen, wenn Sie Hummer kaufen, nämlich die Schale — immerhin etwa zwei Drittel des Gewichtes —, sollten Sie nicht wegwerfen. Hier ein Rezept, in dem Sie solchen »Abfall« elegant verwerten können.
Bereiten Sie die Mousse am Vortag zu, damit sie ihren vollen Geschmack entwickeln kann.

Für 15—20 Portionen:

Hummer-Reduktion

Schalen von 4 Hummern · 260 g Butter ·
0,2 l Fischfond · 2 Knoblauchzehen · Salz ·
1 Stück Staudensellerie · 1 Karotte ·
2 Schalotten · 8 cl Cognac · 0,15 l Portwein ·
8 cl Weißwein · 6 cl Noilly Prat · 4 EL Tomaten-
mark · 1,5 l Fischfond

Hummer-Bisque

0,15 l Schlagsahne · Salz

Grund-Mousse

200 g Steinbutt- oder Zanderfilet · 1 Ei ·
200 g Crème double · Salz · Pfeffer · Cognac ·
5 Scheiben grüner Speck

Hummer-Mousse

7 Blatt Gelatine · 3 EL flüssige Sahne ·
350 g geschlagene Sahne

Von den Hummerschalen die Schwanzflossen und Bauch-fühler wegschneiden. Die Schalen sorgfältig waschen und zerkleinern. In einem hohen Topf (ca. 30 cm Ø) die Butter mit 0,2 l Fischfond verkochen, die Hummerschalen mit den ungeschälten Knoblauchzehen zugeben.
Leicht salzen und ca. 15 Minuten köcheln lassen.
Die geputzten, grob gewürfelten Gemüse zugeben und 5 Mi-nuten mitdünsten. Mit dem Cognac ablöschen, diesen fast verdampfen lassen, mit Portwein, Weißwein und Noilly Prat auffüllen und das Tomatenmark zugeben. Alles 1—2 Minu-ten kräftig kochen, dann mit 1,5 l Fischfond aufgießen und auf ein Drittel der Flüssigkeit reduzieren. Aus dem Topf 0,35 l der Reduktion abpassieren und bis zur späteren Wei-terverarbeitung kühl stellen.

Zu der im Topf mit den Schalen verbliebenen Reduktion die Sahne für die Bisque geben und 30 Minuten köcheln lassen. Wenn nötig, mit Salz abschmecken und ebenfalls abpas-sieren.

Den gut gekühlten Fisch für die Grundmousse in grobe Würfel schneiden, salzen und 1 TL Wasser untermischen. Im Blitzhacker fein zerkleinern. Dann nacheinander das Ei, die kalte Crème double und die gut gekühlten 0,35 l Hum-mer-Reduktion einarbeiten. Mit Salz, Pfeffer und Cognac abschmecken. Eine kleine Terrine mit dem grünen Speck auslegen, die Farce einfüllen und im Wasserbad im Ofen bei ca. 220°C 45—55 Minuten pochieren. Anschließend ab-kühlen lassen und den Speck entfernen.

Fertigstellung:

Die Grund-Mousse mit der Bisque im Mixer ca. 5 Minuten stark aufschlagen. Die Gelatine in kaltem Wasser einweichen, ausdrücken, in etwas heißer Sahne auflösen und zugeben. Die gesamte Masse auf ca. 20°C abkühlen lassen. Die geschlagene Sahne unterziehen und endgültig abschmekken. Für mindestens 4 Stunden kühl stellen. Einen Löffel in heißes Wasser tauchen und damit kleine Kegel aus der Mousse stechen.

Bemerkung:

Ich empfehle dazu als Beilagen leicht marinierten grünen Spargel, eventuell kleine Hummer-Medaillons und etwas Fischgelee.

Blumenkohlsalat mit Krebsen

Den Blumenkohl unbedingt frisch kochen und noch warm anmachen, sonst schmeckt er leicht streng.

Dressing
1 Eigelb · ½ TL Senf · Salz · Pfeffer ·
2 EL Sherry-Essig · 1 EL Weißweinessig ·
0,15 l Öl · 1 EL Consommé

Krebse
20 Krebse · Salz

Blumenkohlsalat
200 g Blumenkohl, geputzt · Salz · 1 Tomate ·
Kerbel

In einer Metallschüssel das Eigelb mit Senf, etwas Salz, Pfeffer und den beiden Essigsorten verrühren und langsam das Öl (tropfenweise) zugeben. Kräftig mit dem Schneebesen aufschlagen, bis eine Bindung entsteht. Die Consommé zugeben und noch einmal mit Salz und Pfeffer abschmecken.

Die Krebse in kochendes Salzwasser geben und darin 3—4 Minuten garen. Schwanz und Scheren ausbrechen und den Darm entfernen.

Den Blumenkohl in kleine Röschen teilen und in Salzwasser nicht zu weich kochen.
Die Tomate enthäuten, entkernen und in kleine Würfel schneiden. Die Kerbelblättchen von den Stengeln zupfen.

Fertigstellung:

Die warmen Blumenkohlröschen mit dem Dressing mischen und ca. 5 Minuten darin ziehen lassen. Die Krebse unterheben und auf Tellern anrichten. Mit Tomatenwürfeln und Kerbel garnieren.

Mariniertes Rinderfilet
auf Salat von Lauch
und Pfifferlingen

Nehmen Sie dazu ganz frisches Filet, da die Farbe dann wesentlich röter ist als bei abgehangenem.

Lauch

160 g Lauch, nur das Weiße · Saft von
½ Zitrone · Salz

Vinaigrette

½ TL Sherry-Essig · ½ TL Weißweinessig ·
½ TL weißer Estragonessig · ½ TL roter Estragon-
essig · 3 EL Olivenöl · Salz · Pfeffer

Rinderfilet

120 g Rinderfilet

Marinade

2 EL Olivenöl · Zitronensaft · Salz · Pfeffer

Garnitur

60 g Pfifferlinge · etwas Friséesalat und
Eichblattsalat

Den geputzten Lauch in kochendem Wasser mit dem Zitronensaft und etwas Salz kochen. Die Vinaigrette-Zutaten miteinander verrühren. Den Lauch gut abtropfen lassen und in der Vinaigrette marinieren.

Das fettfreie Rinderfilet in dünne Scheiben schneiden und zwischen zwei Plastikfolien hauchdünn klopfen. Das Olivenöl auf einem Teller mit einigen Tropfen Zitronensaft, wenig Salz und Pfeffer würzen. Die Filetscheiben durch diese Marinade ziehen.

Die geputzten Pfifferlinge in wenig Wasser und Salz kurz andämpfen.

Fertigstellung:

Den unmarinierten Salat mit dem Lauch auf Tellern anrichten. Die Rinderfiletscheiben darauflegen und mit den Pfifferlingen garnieren.

Feldsalat
mit Kartoffeldressing
und frisch geräucherten
Rotbarbenfilets
nach Manfred Schwarz

Die Rotbarben zu filieren, bedarf einiger Übung. Wichtig ist dabei, daß Sie aus der Innenseite der Filets möglichst alle Gräten entfernen. Fahren Sie mit den Fingerspitzen vorsichtig gegen den Strich und ziehen Sie alle Gräten, die Sie dabei spüren, mit einer Pinzette heraus. Die Filets werden nicht gehäutet, nur geschuppt!

Feldsalat

100 g Feldsalat

Dressing

150 g Kartoffeln, mehlig, geschält ·
0,15 l Brühe oder Consommé · 4 EL Sherry-Essig ·
4 EL Olivenöl · 1 kleine Schalotte · Salz ·
Pfeffer aus der Mühle

Rotbarbenfilets

4 Rotbarben à 150 g, filetiert · Salz · Saft von
¹/₂ Zitrone · 2 EL Räuchermehl

Croûtons

20 g Butter · 8 Scheiben Baguette (ca. 5 mm dick)

Garnitur

4 Champignonköpfe

Den Feldsalat putzen, waschen und trockenschleudern.

Die Kartoffeln kochen und durch eine Kartoffelpresse drükken. Erst die Brühe, dann Essig und Öl gut unterrühren. Die feingeschnittene Schalotte zugeben, mit Salz und Pfeffer abschmecken.

Zum Räuchern benötigen Sie einen speziellen Räucherofen, der in Geschäften für Anglerzubehör erhältlich ist. Es lohnt sich, eine solche Räucherkammer zu kaufen. Sie ist einfach auf die Herdplatte zu setzen und für alle Arten von Fisch und Fleisch zu verwenden.
Die Rotbarbenfilets salzen und mit Zitronensaft beträufeln. Das Räuchermehl dünn auf den Boden der Räucherkammer streuen. Die Rotbarbenfilets auf das dazugehörige Gitter legen und in die Räucherkammer einsetzen. Den Deckel schließen und die Kammer auf die sehr heiße Herdplatte setzen, bis es raucht. Dann wird die Kammer auf dem Herd auf den Untersatz gesetzt. Insgesamt beträgt die Räucherzeit ca. 6—8 Minuten.

Die Butter in der Pfanne erhitzen und die Weißbrotscheiben darin goldgelb braten.

Die Champignonköpfe putzen und in feine Stifte schneiden.

Fertigstellung:

Den Feldsalat bündelweise an den Stengeln fassen und die Blätter durch das Dressing ziehen. Danach etwas abschütteln.
Den so angemachten Salat locker auf große flache Teller

verteilen. Die lauwarmen Rotbarbenfilets darauf anrichten, die Champignonstifte über den Salat streuen. Die Croûtons dazu servieren.

Langusten-Medaillons mit Melone in Langustensauce

Ganz wichtig ist hier, daß Sie vollreife Melonen verwenden. Am besten eignen sich die hocharomatischen kleinen Melonen aus der Gegend von Cavaillon in Südfrankreich. Ob die Früchte reif sind, können Sie riechen: sie duften betörend, geradezu aufdringlich stark.

Langusten-Medaillons

2 Langusten à 400 g

Sud

*1 Stück Karotte · 1 Stück Staudensellerie ·
1 Stück Lauch · 5 Pfefferkörner · Salz*

Langustensauce

*100 g Butter · 0,2 l Fischfond · Schalen
der Langusten · 1 Knoblauchzehe · Salz ·
20 g Lauch · 20 g Karotte · 10 g Staudensellerie ·
1 Tomate · 2 Schalotten · 2 cl Cognac ·
5 cl Portwein, rot · 3 cl Weißwein, trocken ·
2 cl Noilly Prat · 1 EL Tomatenmark · ½ l Fischfond · ½ l Sahne*

Melonen

3 mittelgroße Cavaillon-Melonen, gut gereift

Die Gemüse für den Sud waschen und putzen. Mit den Pfefferkörnern und Salz in reichlich Wasser zum Kochen bringen. Die Langusten darin ca. 8 Minuten kochen und wei-

tere 5 Minuten bei reduzierter Hitze ziehen, dann herausnehmen und erkalten lassen. Die Langusten aus ihrem Panzer brechen. Das Fleisch auf einem Teller mit einem feuchten Tuch abdecken und zur Seite stellen. Die Langustenschalen waschen und grob zerkleinern.

In einem Topf die Butter mit den 0,2 l Fischfond verkochen und im Mixer aufschlagen.

In den Topf zurückgießen, die Langustenschalen mit der Knoblauchzehe zugeben, leicht salzen und 10 Minuten köcheln lassen.

In der Zwischenzeit das Gemüse waschen, putzen und in grobe Würfel schneiden. Die Tomate enthäuten, entkernen und ebenfalls würfeln. Gemüse, Tomate und die geschälten Schalotten zu den Langustenschalen geben. Nochmals 10 Minuten köcheln lassen, so daß die Schalen insgesamt 25 Minuten ausgekocht wurden. In dieser Zeit darf sich die Butter nicht klären, also oben absetzen. Sollte dies dennoch passieren, geben Sie etwas Wasser zu.

Mit Cognac ablöschen und die restlichen Alkoholika zugeben. Das Tomatenmark unterrühren und weitere 3—4 Minuten köcheln. Mit $\frac{1}{2}$ l Fischfond aufgießen und so lange kochen, bis die Sauce beginnt, dicklich zu werden. Nun mit der Sahne auffüllen und weitere 15 Minuten leise ziehen, nicht kochen lassen.

Die Sauce abpassieren, erkalten lassen, jedoch nicht in den Kühlschrank stellen, weil sich sonst die Butter von der Flüssigkeit trennt. In kaltem Zustand nochmals im Mixer aufschlagen.

Melonen halbieren, entkernen und mit einem Ausstecher Kugeln ausstechen. Das restliche Melonenfleisch auslösen und durch ein Haarsieb passieren.

Dieser Saft wird zur Fertigstellung der Sauce verwendet. Die Melonenkugeln auf Eis stellen.

Fertigstellung:

Langustenfleisch in 5 mm dicke Scheiben schneiden, ⅛ l des Melonensaftes mit dem Schneebesen unter die Sauce schlagen.

Die Sauce (pro Teller 5 EL) in vorgekühlte Teller geben, das Langustenfleisch darauf anrichten. Die eisgekühlten Melonenkugeln hübsch darüber verteilen.

Hummer im eigenen Gelee

Das Gelee sollte nur etwa 1 Stunde lang im Kühlschrank fest werden, dann hat es die richtige Konsistenz.

Für 4—6 Personen:

Hummer

2 Hummer à 400—600 g · Salz

Fond

250 g Butter · 0,3 l Fischfond · 1 Stück Staudensellerie · 1 Stück Lauch · 1 Karotte · 2 Schalotten · 1 Knoblauchzehe, ungeschält · 2 cl Portwein · 0,4 l Champagner · 0,4 l weißer Burgunder · ½ l Fischfond · 1 Tomate · 20 g Butter

Kläransatz

1 Stück Staudensellerie · 1 Stück Lauch · 1 Karotte · 1 Stück Sternanis · 4 Eiweiß

Gelee

3 Blatt Gelatine · Salz

Garnitur

1 Stück Lauch · 1 Karotte · 1 Stück Staudensellerie · Hummereier, wenn vorhanden · 4—6 EL Crème double · 1 EL Kaviar · Kerbel

Die lebenden Hummer für 2 Minuten in einen großen Topf mit sprudelnd kochendem Salzwasser geben, herausnehmen und die Schwanzteile vom Körper brechen. Die Hummerschwänze weitere 10 Minuten in leise kochendem Salzwasser garen.

Die Körperpanzer mit einem großen Messer der Länge nach halbieren und die Mägen entfernen. Die Schalen und Scheren mit allen übrigen Innereien und dem aufgefangenen Saft in einem großen, flachen Topf mit 250 g Butter und 0,3 l Fischfond 10 Minuten köcheln lassen. Das geputzte und grobgewürfelte Wurzelgemüse, die Schalotten und die ungeschälte Knoblauchzehe zugeben. Weitere 15 Minuten kochen. Die Hummerscheren herausnehmen, das Scherenfleisch ausbrechen und zur Seite stellen. Die Schalen in den Topf zurückgeben. Mit Portwein, Champagner und Wein aufgießen und um ein Drittel einkochen.
Mit ¹/₂ l Fischfond auffüllen. Die Tomate vierteln, mit 20 g Butter verkochen und zum Fond geben. Weitere 10 Minuten kochen. Durch ein Haarsieb abpassieren. Den Fond in einem Topf auf Eis stellen.
Nach dem Erkalten wird die erstarrte Butter von der Oberfläche abgehoben. Sie kann als erstklassige Hummerbutter anderweitig verwendet werden (z.B. für eine Hummersuppe).

Das Wurzelgemüse für den Kläransatz putzen und grob würfeln. Der kalte Fond wird mit dem Wurzelgemüse, Sternanis und Eiweiß gut verrührt und dann zum Kochen gebracht. Den Topf vom Herd nehmen und 5 Minuten ruhen lassen. Dadurch wird der Fond klar und kann abpassiert werden.

Die Gelatine in kaltem Wasser einweichen, gut ausdrücken und in dem heißen Fond auflösen. Mit Salz abschmecken und zum Gelieren in den Kühlschrank stellen.

Das Wurzelgemüse für die Garnitur putzen und in feine Julienne schneiden. Die Gemüse-Julienne, jede Sorte für sich, in Salzwasser garen. Falls vorhanden, von den Hummer-schwänzen die Eier ablösen und zur Garnitur verwenden. Das Schwanzfleisch aus den Schalen brechen und in Medaillons schneiden.

Fertigstellung:

Die Hummer-Medaillons kreisförmig auf großen, kalten Tellern anrichten und mit dem dickflüssigen Gelee bedekken.

Die Crème double mit etwas Salz steif schlagen und den Kaviar unterziehen. Jeweils eine Nocke davon in der Mitte des Tellers auf dem Gelee anrichten und mit Gemüse-Julienne, Kerbel und gegebenenfalls mit Hummereiern garnieren.

Terrine von Waldpilzen in Gelee mit Rehfilet

Die Terrine in Scheiben zu schneiden, ist nicht ganz einfach, weil das Gelee recht empfindlich ist und leicht auseinanderfällt. Am besten läßt es sich mit einem elektrischen Messer schneiden.

1 Terrinenform von $30 \times 7 \times 8$ cm, ergibt
ca. 18—20 Scheiben

Petersilienpüree

*200 g krause Petersilie · 40 g glatte Petersilie · 50 g Spinat, ohne Stiele · 1 Schalotte ·
20 g Butter · $\frac{1}{2}$ l Crème double · Salz ·
Pfeffer · 2 EL geschlagene Sahne*

Terrine

*650 g geputzte Waldpilze · Salz · 4—6 Blatt
Gelatine · 1 EL gehackter Kerbel · 1 EL Petersilie,
gehackt · Pfeffer*

Große Spinatblätter zum Auslegen der Terrine

550 g Rehfilets, pariert · Olivenöl zum Anbraten

Vinaigrette

5 cl Essig · 0,15 l Olivenöl · Salz · Pfeffer

Die gezupfte Petersilie und den entstielten Spinat waschen, kurz blanchieren und sofort in Eiswasser abschrecken. Gut ausdrücken und hacken. Die feingeschnittene und gewaschene Schalotte in Butter andünsten, ohne sie Farbe nehmen zu lassen. Die Petersilie und den Spinat zugeben, mit Crème double aufgießen und zum Kochen bringen. Auf die Hälfte reduzieren und anschließend im Mixer pürieren. Mit Salz und Pfeffer abschmecken.

Die geputzten Pilze, falls nötig, mit einem feuchten Tuch abwischen, jedoch nicht waschen. In einem großen Topf mit 0,2 l leicht gesalzenem Wasser nicht zu weich dämpfen. Den Fond abpassieren und 0,4 l davon abnehmen.
Die Gelatine in kaltem Wasser einweichen, ausdrücken und in 0,4 l heißem Fond auflösen. Kräftig mit Salz und Pfeffer abschmecken und die Pilze mit den gehackten Kräutern zugeben.
Die Spinatblätter in Salzwasser weich kochen und auf einem Tuch gut trockentupfen. Die einzelnen Blätter durch das noch flüssige Pilzgelee ziehen und die Terrinenform damit auskleiden. Ein Viertel der Blätter zurückbehalten, um die Terrine am Schluß zu bedecken. Die Form für ca. 10 Minuten in den Kühlschrank stellen, damit die Geleeschicht mit den Blättern erstarrt und an der Terrinenwand haftet.
Die Rehfilets würzen und in Olivenöl von allen Seiten anbraten. Sie sollten im Kern aber noch rosa sein. Das Fleisch zum Erkalten in den Kühlschrank stellen.

Essig und Öl gut verrühren, mit Salz und Pfeffer würzen.

Fertigstellung:

Einen Teil der Pilze in dem noch flüssigen Gelee ca. 2 cm
hoch in die Terrine füllen. Die Hälfte der Rehfilets darauflegen. Wieder eine Schicht Pilzgelee einfüllen und die restlichen Filets einschichten. Mit dem übrigen Pilzgelee ab-
schließen und mit den verbliebenen Spinatblättern bedekken. Die Terrine zum Erstarren kühl stellen.
Die geschlagene Sahne unter das Petersilienpüree ziehen.
Die Terrine aus der Form stürzen und am besten mit einem
elektrischen Messer in Scheiben schneiden. Je eine Scheibe
auf Tellern anrichten, mit etwas Vinaigrette begießen und
mit kleinen Nocken von Petersilienpüree (Rezept S. 232)
und etwas Salat garnieren.

Taubenbrüstchen auf Salat von Chicorée

Hier werden nur die Brüstchen der Tauben verwendet, der Rest — die Keulchen und die Karkassen — kommt in den Suppentopf.

Chicorée

4 frische, knackige Chicorée

Sud

1,5 l Wasser · 40 g Salz · 6 cl Himbeeressig

Vinaigrette

*4 cl Sherry-Essig · 2 cl Himbeeressig ·
2 cl Nußöl · Salz*

Tauben

2 Tauben · Salz · 1 EL Olivenöl

Garnitur

*1 Tomate · Kerbel · 2 cl Taubenjus oder
brauner Geflügelfond*

Die äußeren Blätter entfernen, die Stauden von der Spitze her auf 7 cm kürzen. Die Strunkenden werden nicht verwendet, weil sie bitter sind.

Das Wasser mit dem Salz und dem Himbeeressig zum Kochen bringen und die Chicoréeblätter ganz kurz darin blanchieren. Anschließend auf einem Tuch abtropfen lassen und trocknen.

Sämtliche Zutaten für die Vinaigrette gut miteinander verrühren, die warmen Chicoréeblätter darin ca. 1 Minute marinieren. Herausnehmen und gut abtropfen lassen.

Die Tauben ausnehmen, abflämmen und salzen. Im vorgeheizten Ofen bei 220°C im heißen Öl 10 Minuten braten.
Herausnehmen und ruhen lassen, bis sie etwas abgekühlt
sind. Die Brüste auslösen, enthäuten und das Fleisch längs
in dünnste Scheiben schneiden.

Die Tomate enthäuten, entkernen und in kleine Würfel
schneiden.
Den Kerbel in kleinen Sträußchen von den Stengeln zupfen.

Fertigstellung:

Die abgetropften Chicoréeblätter sternförmig auf großen
Tellern anrichten. Mit Tomatenwürfeln und Kerbel garnieren. In der Mitte die lauwarmen Taubenbrustscheibchen
anrichten und mit dem warmen Jus beträufeln.

Warme Vorgerichte

Schinkenkipferl

Sie schmecken am besten lauwarm zum Aperitif oder zu einem Glas Wein.

Für etwa 20 Stück:

Füllung

*40 g Schinken · 40 g Champignons ·
20 g Schalotten · 1 Eigelb · Salz · Pfeffer ·
1 TL Kapern · 1 Sardelle · 2 EL Semmelbrösel*

450 g Blätterteig · 1 Eigelb

Den Schinken in kleine Würfel, die Champignons feinblättrig schneiden, die Schalotten fein schneiden und waschen. Schinken, Champignons und Schalotten dünsten, bis keine Flüssigkeit mehr vorhanden ist. Die Pfanne vom Herd nehmen, das Eigelb zugeben, mit Salz, Pfeffer, den gehackten Kapern und der zerdrückten Sardelle würzen. Die frisch geriebenen Semmelbrösel gut untermischen. Die Masse erkalten lassen.

Den Blätterteig dünn ausrollen und in Dreiecke von 5 cm Seitenlänge schneiden. Mit der Füllung bestreichen, aufrollen und zum Hörnchen biegen. Mit dem Eigelb, das mit etwas Wasser verquirlt wurde, bestreichen.

Fertigstellung:
Die Hörnchen auf ein mit Backpapier belegtes Blech setzen und im vorgeheizten Ofen bei 220°C goldgelb backen.

Bemerkung:

Wenn Sie tiefgekühlten Blätterteig verwenden, die einzelnen Platten nebeneinander etwa 20 Minuten auftauen lassen, dann vier davon dünn mit Butter bestreichen. Die Platten wieder aufeinanderlegen, die unbestrichene Platte obenauf, und alle miteinander dünn ausrollen. So wird der Blätterteig schön blättrig und schmeckt angenehm nach Butter.

Blinis — Buchweizenpfannkuchen

Lauwarm mit einem Klecks Kaviar oder hauchdünn aufgeschnittenem Lachs anrichten, dazu eine leichte Joghurt- oder saure Sahnesauce: eine Vorspeise, die wenig Arbeit macht!

Für etwa 10—12 Stück:

15 g Hefe · ¼ l Milch · 200 g Buchweizenmehl · 4 Eier · 50 g Butter · Salz · 3 cl Schlagsahne

Die Hefe zerbröseln und in etwas lauwarmer Milch auflösen. Mit einigen Löffeln Mehl vermischen und in einem gut temperierten Raum 5 Minuten gehen lassen.
Das restliche Mehl, das Eigelb und die zerlassene Butter beimengen und salzen. Die Sahne schlagen, das Eiweiß zu Schnee schlagen und beides unter den Teig heben. Nochmals 10 Minuten gehen lassen.
Den Teig löffelweise dünn in eine Eisenpfanne geben, in den vorgeheizten Ofen stellen, aufgehen lassen und wenden. Nochmals in den Ofen stellen, um die andere Seite zu backen.

Fertigstellung:

Die Blinis auf Tellern anrichten und zum Beispiel mit saurer Sahne bedecken und mit Kaviar garnieren.

Cassoulet von Kaninchennieren und Wachteleiern in Trüffelsauce

Kaninchennieren kann man nicht einfach kaufen — aber vielleicht läßt sich Ihr Wild- oder Geflügelhändler überreden, sie für Sie zu sammeln, wenn er Kaninchen für den Verkauf portioniert.

Trüffelsauce

10 Trüffelscheiben · 2 EL Butter · Salz ·
0,1 l Madeira · 0,2 l Geflügelfond · 0,2 l Kalbsjus
(brauner Kalbsfond) · 5 cl Trüffeljus
(aus der Dose)

Cassoulet

20 Kaninchennieren · 1 EL Butter · Salz ·
12 Wachteleier · 16 kleine Frühlingszwiebeln

Die Trüffelscheiben in 1 TL Butter ansautieren und salzen. Mit Madeira ablöschen, mit Geflügelfond, Kalbsjus und Trüffeljus auffüllen und um ein Drittel reduzieren. Die restliche Butter einrühren. Mit Salz abschmecken.

Die Kaninchennieren in der Butter ansautieren und salzen. Die Wachteleier in Salzwasser vorsichtig pochieren. Die Zwiebeln — nur das untere weiße Ende verwenden — schälen und ebenfalls pochieren.

Fertigstellung:

Die Nieren mit den Wachteleiern und den Zwiebeln auf vorgewärmten Tellern anrichten. Die Trüffelsauce darübergeben.

Quiche Lorraine

Wenn Sie den Teig sehr dünn ausrollen, reichen die Zutaten für 2 Quiches von ca. 20—24 cm Durchmesser. Ansonsten können Sie damit eine Springform von 28 cm Durchmesser auslegen, wobei der geformte Rand ca. 3 cm hoch sein sollte. Eventuelle Teigreste halten sich im Kühlschrank bis zu 1 Woche, eingefroren 3—4 Monate.

Teig

250 g Mehl · 180 g Butter · 1 Ei · 1 Prise Salz

Belag

*150 g Zwiebeln · 50 g durchwachsener Speck ·
1 EL geriebener Gruyère*

Guß

*0,3 l Sahne · 0,3 l Milch · 4 Eier · 10 g Salz ·
Muskatnuß*

Aus den genannten Zutaten einen geschmeidigen Teig kneten und eingepackt 30 Minuten im Kühlschrank ruhen lassen.

Zwiebeln und Speck ganz fein schneiden und in leicht gesalzenem Wasser blanchieren. Abgießen und in einem Tuch gut ausdrücken.

Alle Zutaten für den Guß im Mixer verquirlen.

Fertigstellung:
Den Teig dünn ausrollen und eine gefettete runde Quiche- oder Tortenbodenform damit auslegen. Darauf Zwiebeln, Speck und Käse gleichmäßig verteilen. Mit dem verquirlten Guß begießen. Die Quiche bei starker Unterhitze und mittlerer Oberhitze goldbraun backen.

Bemerkung:

Sollte bei Ihrem Backofen eine unterschiedliche Einstellung der Ober- und Unterhitze nicht möglich sein, empfiehlt es sich, den Teigboden blind zu backen, bevor Sie den Belag darauf verteilen. In diesem Fall backen Sie bei 200°C den Boden 20 Minuten und anschließend mit Belag noch 30 Minuten.

Zum Blindbacken die Teigfläche mit Backpapier oder Alufolie auslegen und mit Hülsenfrüchten beschweren. So bleibt der Teigboden flach und schlägt keine Blasen.

Rotkrautsalat und Preiselbeeren mit gebratener Entenleber

Das Kraut bleibt hier roh, es wird nicht blanchiert, sondern durch das Ziehen in der Marinade weich. Allerdings muß es in wirklich hauchfeine Streifen geschnitten sein.

400 g Rotkraut, ungeputzt gewogen

Marinade

4 EL Rotweinessig · 3 EL Olivenöl · Salz · Zucker

50 g Eichblattsalat, grün · 50 g Friséesalat oder Feldsalat · 1 TL Sherry-Essig · 2 TL Nußöl · Salz · 160 g Entenstopfleber · Muskatblüte · 8 TL Preiselbeerkompott

Die Rotkrautblätter, geputzt und ohne Strunk, in ganz feine Streifen schneiden. Mit den Marinadezutaten anmachen und etwa 1 Stunde ziehen lassen.

Die Salate putzen und waschen. Mit Sherry-Essig, Nußöl und wenig Salz anmachen.
Die Entenstopfleber in Scheiben schneiden und die Adern entfernen. Mit Salz und Muskatblüte würzen.

Fertigstellung:
Die beiden grünen Salate auf den Tellern kreisförmig anrichten, das Rotkraut und die Preiselbeeren darauf verteilen. In einer Pfanne ohne Fett die Leberscheiben braten und in der Mitte der Teller anrichten.

Nudeln in Roquefort-Sauce

Der Roquefort sollte nicht zu alt, auf keinen Fall trocken und bröselig sein, sonst wird die Sauce nicht sanft und zart, sondern schmeckt streng und aufdringlich.

Nudeln

250 g Mehl · 50 g Hartweizengrieß, grob ·
3 Eier · 20 g Olivenöl · 10 g Salz

Roquefort-Sauce

200 g Sahne · 45 g Butter · 10 Basilikumblätter ·
80 g Roquefort oder Bavaria blue ·
Muskatnuß · Salz · Pfeffer

Die gesamten Zutaten für den Nudelteig miteinander vermengen und so lange kneten, bis er ganz glatt ist. Abdecken und 1 Stunde ruhen lassen. Anschließend den Teig dünn ausrollen und in feine Streifen schneiden. Auf einem Tablett noch 30 Minuten antrocknen lassen.

Die Sahne mit Butter, Basilikumblättern und Roquefort-Würfeln in einer Sauteuse erhitzen. Mit Muskat, Salz und Pfeffer abschmecken.

Fertigstellung:

Die Nudeln in kochendem Salzwasser 2 Minuten garen, abgießen, kurz abschrecken und in der Roquefort-Sauce durchschwenken.
Wenn nötig, nochmals abschmecken und auf tiefen vorgewärmten Tellern anrichten.

Austern und Lauch
mit Blätterteig

Wenn Sie Ihren Gästen dies als Zwischengericht servieren
wollen, können Sie Sauce, Lauch und Austern schon vorbereitet haben. Die Blätterteigstücke schieben Sie jedoch erst
10 Minuten vor dem Essen in den Ofen, damit sie heiß aufgetragen werden können.

Austern und Lauch
16—20 Belon-Austern · 150 g Blätterteig (s. S. 286)
oder tiefgefroren fertig gekauft · 125 g Lauch ·
1 Eigelb

Sauce
3 cl Noilly Prat · 9 cl Riesling · 1 Schalotte ·
0,45 l Fischfond · 150 g Butter · Salz

Garnitur
Kerbel

Die Austern ausbrechen, das Meerwasser vorsichtig durch
ein Haarsieb gießen und auffangen.
Den Blätterteig ausrollen (4 mm dick) und in 4 × 5 cm große Vierecke schneiden. Im Kühlschrank mindestens 30 Minuten ruhen lassen.
Den Lauch putzen, waschen und das Weiße in ca. 3 cm lange Streifen schneiden. Kurz blanchieren, herausheben und
gut zwischen zwei Tüchern ausdrücken.

Noilly Prat und Riesling mit der kleingeschnittenen, gewaschenen Schalotte ankochen, den Fischfond aufgießen und
um drei Viertel reduzieren. Die Butter darin verkochen, abpassieren, die Sauce im Mixer aufschlagen und leicht salzen.

Fertigstellung:
Das Eigelb mit etwas Wasser verquirlen, die Blätterteig-

stücke damit bepinseln, dann auf einem mit Backpapier belegten Blech bei ca. 220°C backen.

Den Lauch mit den Austern und dem aufgefangenen Austernwasser in die Sauce geben und kurz erhitzen, jedoch nicht kochen lassen.

Den Blätterteig waagerecht (also in Blätterrichtung) halbieren, so daß ein Boden und ein Deckel entstehen. Den Boden in vorgewärmte tiefe Teller setzen, die Austern mit dem Lauch und der Sauce darübergeben und mit dem Blätterteigdeckel dekorieren.

Mit Kerbel garnieren und sofort servieren.

Gänsestopfleber, gebraten, auf Spargel-Vinaigrette

Versuchen Sie dieses Rezept nicht nur mit weißem, sondern auch einmal mit grünem Spargel, der wesentlich intensiver schmeckt. Aber auch den grünen Spargel sorgfältig schälen, sonst wird die Sauce bitter.

Spargel-Vinaigrette

200 g Spargel · Salz · Zucker · Zitronensaft ·
1 Stück Weißbrot · 4 EL Weißweinessig ·
1 EL Himbeeressig

Gänsestopfleber

4 Scheiben Gänsestopfleber à 60 g · Salz ·
Pfeffer · Muskatblüte

Den Spargel in kochendem Wasser mit Salz, Zucker, Zitronensaft und dem Weißbrot garen. Abgießen, jedoch etwas Spargelsud aufbewahren. Die Spargelköpfe abschneiden und zur Seite stellen. Den restlichen Spargel mit etwas Sud im Mixer pürieren. Durch ein Haarsieb streichen. Dieses

Püree mit Salz und Essig abschmecken. Die Vinaigrette sollte einen deutlich säuerlichen Geschmack haben.

Die Leberscheiben von eventuellen Blutadern befreien, mit Salz, Pfeffer und Muskatblüte würzen.
Ohne Fett in einer heißen Pfanne goldbraun braten.

Fertigstellung:
Die Spargel-Vinaigrette auf den Tellern verteilen und die Leberscheiben darauf anrichten.
Die Spargelköpfe halbieren und die Vorspeise damit garnieren.

Bemerkung:
Nehmen Sie unbedingt einen guten Weißwein- oder Champagner-Essig. Er gibt der Sauce eine milde Säure, nimmt aber dem Spargel nicht seinen Eigengeschmack.
Das Weißbrot im Spargelsud hat die Aufgabe, die Bitterstoffe zu entziehen.

Entenstopfleber, gebraten, mit Vinaigrette, im Löffel serviert, und gebackene Austern

Ein überraschendes Amuse gueule, das man seinen Gästen zum Empfang serviert: es läßt sich bequem im Stehen verspeisen.

Entenstopfleber
8 kleine Scheiben Entenstopfleber à 20 g · Salz ·
Pfeffer · Muskatblüte

Vinaigrette

2 EL Madeira · 2 EL Noilly Prat · 2 EL Trüffelfond (Dose) · 4 EL Olivenöl · 1 EL Sherry-Essig ·
1 TL Balsamico-Essig · 4 gestrichene EL
Petersilie, gehackt · 1 gestrichener EL Schnittlauch, gehackt · 1 TL Schalotte, fein
geschnitten und gewaschen · Salz · Pfeffer

Gebackene Austern

4 Belon-Austern · 4 Spinatblätter · Salz ·
100 g Strudelteig (eventuell fertig gekauft) ·
Öl zum Backen

Die Entenstopfleber würzen und kühl stellen.

Den Madeira zusammen mit dem Noilly Prat auf 2 cl reduzieren. Den Trüffelfond zugeben, aufkochen und erkalten
lassen. Öl und die zwei Essigsorten miteinander verrühren.
Die Kräuter und die Schalotte untermischen, mit Salz und
Pfeffer abschmecken.

Fertigstellung:

8 EL auf einem großen Teller mit hohem Rand sternförmig
anrichten und zum Vorwärmen in den leicht erhitzten Ofen
stellen.
Die Entenleberscheiben ohne Fett in einer heißen Pfanne
auf beiden Seiten goldbraun braten. Auf einem Tuch das
überschüssige Fett abtupfen.
Je 1 TL Vinaigrette in die vorgewärmten Löffel geben und
die Leberscheiben darauf anrichten.

Die Austern ausbrechen und entbarten.
Die Spinatblätter blanchieren, auf ein Tuch legen, gut abtrocknen, leicht salzen und die Austern damit umwickeln.
Den Strudelteig hauchdünn ausrollen und die Austern damit umhüllen. In heißem Öl backen.

Tiroler Schlutzkrapfen

Hier wird der Teig statt mit weißem Weizenmehl mit dunklem Roggenmehl zubereitet. Dadurch schmecken die Schlutzkrapfen kerniger und kräftiger. Roggenmehl gibt es im Reformhaus.

Teig

200 g Roggenmehl · 50 g Weizenmehl · 2 EL Öl ·
1 Ei · $\frac{1}{4}$ l lauwarmes Wasser · Salz

Füllung

400 g Spinat, geputzt · 100 g Butter ·
1 Schalotte · 1 EL Mehl · $\frac{1}{4}$ l Milch · Salz ·
Pfeffer · Muskatnuß

2 Eigelb · 1 EL Wasser · 2 EL Öl

Garnitur

4 EL Parmesan · 3 EL braune Butter

Aus den angegebenen Zutaten einen geschmeidigen Teig kneten und ca. 30 Minuten zugedeckt stehenlassen.

Den gewaschenen, tropfnassen Spinat ohne zusätzliche Flüssigkeit mit der Hälfte der Butter weichdämpfen, würzen und gut ausdrücken. Die feingeschnittene, gewaschene Schalotte mit der übrigen Butter leicht Farbe nehmen lassen, das Mehl zugeben und gut verrühren. Die Milch aufgießen und kräftig kochen. Den Spinat beigeben und alles im Mixer nicht zu fein pürieren. Mit Salz, Pfeffer und Muskat abschmecken.

Fertigstellung:

Den Teig dünn ausrollen und Kreise von 8 cm Ø ausstechen. Mit je einem Teelöffel der erkalteten Füllung belegen. Das Eigelb mit wenig Wasser verquirlen und den Rand damit bestreichen. Die Teig-Kreise zur Hälfte zusammenklappen und den Rand andrücken.

In einem flachen Topf (ca. 35 cm Ø) reichlich Salzwasser mit 2 EL Öl zum Kochen bringen und die Schlutzkrapfen darin 10 Minuten garen. Mit einem Schaumlöffel herausnehmen und auf einem Tuch abtropfen lassen.

Auf vorgewärmten Tellern anrichten, mit dem Parmesan bestreuen und mit der braunen Butter abschmälzen (übergießen).

Fenchel-Quiche

Die angegebene Teigmenge reicht für zwei Quiches von 20—24 cm, wenn Sie den Teig wirklich hauchdünn ausrollen. Ansonsten können Sie damit auch eine Springform von 28 cm ausfüttern. Dabei einen Rand von ca. 3 cm Höhe formen. Eventuelle Teigreste können Sie im Kühlschrank bis zu 1 Woche, im Gefrierfach mehrere Monate lang aufbewahren.

Teig
250 g Mehl · 180 g Butter · 1 Ei · 1 Prise Salz

Belag
300 g Fenchel, geputzt · 1 EL Weißwein ·
50 g Butter · ½ l Wasser · Salz · 50 g Schinken-
Julienne · Fenchelkraut (nur die innersten
Herzblättchen)

Guß
4 Eier · 0,3 l Sahne · 0,3 l Milch · 10 g Salz ·
1 Prise Muskat

Aus den angegebenen Zutaten einen geschmeidigen Teig kneten und, in Folie gepackt, 30 Minuten im Kühlschrank ruhen lassen.

Ein Drittel des Teiges für eine Quiche wegnehmen, den Rest einfrieren.

Den Fenchel mit dem Strunk vierteln. Wein, Butter und Wasser in einer Sauteuse erhitzen und leicht salzen. Den Fenchel 30 Minuten darin weich dünsten. Abgießen und die Fenchelviertel in kleine Würfel schneiden. Auf einem Tuch verteilen und, mit einem Tuch bedeckt, gut ausdrücken. Die Schinken-Julienne in kochendem Wasser kurz blanchieren und auf einem Sieb abtropfen lassen. Das Fenchelkraut fein schneiden.

Alle Zutaten für den Guß im Mixer gut verquirlen.

Fertigstellung:
Den Teig dünn ausrollen und eine gefettete runde Quiche- oder Tortenbodenform damit auslegen. Darauf die Fenchelwürfel verteilen, die Schinken-Julienne darübergeben und mit dem Fenchelkraut bestreuen. Mit dem verquirlten Guß auffüllen und im vorgeheizten Ofen bei starker Unterhitze und mittlerer Oberhitze goldbraun backen.

Bemerkung:
Sollte bei Ihrem Backofen eine unterschiedliche Einstellung der Ober- und Unterhitze nicht möglich sein, empfiehlt es sich, den Teigboden blind zu backen (d. h. mit Hülsenfrüchten bedeckt vorbacken), bevor Sie den Belag darauf verteilen. In diesem Fall backen Sie bei 200°C den Boden 20 Minuten und anschließend mit Belag nochmals 30 Minuten (siehe auch Seite 73).

Gefüllte Zucchini-Blüten
auf Trüffelcreme

Zucchini-Blüten sind auf den Märkten nicht leicht zu finden, weil sie den Transport aus südlichen Ländern nicht gut überstehen. Wenn Sie einen Garten haben, sollten Sie unbedingt Zucchini anbauen; zwei Pflanzen genügen, um Sie den Sommer über reichlich mit frischen Blüten und Früchten zu versorgen!

Bierteig

250 g Mehl · 2 Eigelb · ¼ l Bier · 40 g zerlassene Butter · 2 Eiweiß · Salz

Zucchini-Blüten

4 kleine Zucchini à 40—50 g · 1 EL Butter · 1 Eigelb · 4 große Zucchini-Blüten · Salz · Pfeffer

Trüffelcreme

10 g Trüffel, fein geschnitten · 40 g Butter · Salz · 0,1 l Madeira · 0,4 l Geflügelfond · 6 cl Trüffeljus (Dose) · 0,1 l Crème double

1 l Öl zum Ausbacken

Mehl, Eigelb, Bier und zerlassene Butter zu einem glatten Teig verarbeiten. Diesen 25—30 Minuten an einem warmen Ort ruhen lassen. Eiweiß mit 1 Prise Salz steif schlagen und unter den Teig heben.

Die Zucchini schälen, in kleine Würfel schneiden und mit der Butter leicht ansautieren. Würzen und mit dem Eigelb vermischen. Erkalten lassen.
Die geputzten Zucchini-Blüten salzen, pfeffern und mit der

Zucchini-Masse füllen. Gut zusammendrücken, um die Blütenöffnung zu verschließen.

Die Trüffelwürfel in 5 g Butter ansautieren und salzen. Mit Madeira ablöschen, mit Geflügelfond und Trüffeljus auffüllen und um ein Drittel reduzieren.
Die restliche Butter und Crème double zugeben, nochmals 5 Minuten kochen lassen und im Mixer aufschlagen.

Fertigstellung:
Die Blüten in den Bierteig tauchen und im heißen Öl goldgelb ausbacken.
Heiße Trüffelsauce auf die vorgewärmten Teller geben und die Blüten darauf anrichten.

Kutteln und Morcheln in Estragon

Kutteln bekommen Sie vom Metzger bereits gereinigt und vorgekocht. Verlangen Sie ein Stück aus dem Netzmagen, das besonders fein gekräuselt ist, aber nur vom Kalb — Rinderkutteln sind nicht zart genug.

Kutteln
600 g Kalbskutteln · 1 mittelgroße Zwiebel ·
2 Nelken · 2 Lorbeerblätter · 1 l Geflügelbrühe

Gemüse-Einlage
60 g Staudensellerie · 100 g Lauch ·
100 g Zwiebeln · 200 g frische Morcheln ·
50 g Butter · 3 Schalotten · 1 Tomate ·
20 g Butter · Salz

Sauce

*¹⁄₈ l Weißwein, trocken · ¹⁄₈ l Champagner,
trocken · 5 cl Noilly Prat · ¹⁄₂ l Fond blanc ·
0,3 l Crème double · 2 EL Estragonessig · 70 g Butter · 2 EL Sahne, geschlagen*

Garnitur
Petersilie

Die Kutteln in feine Streifen schneiden und mit der grobge-
hackten Zwiebel, den Nelken und Lorbeerblättern im Geflügelfond weich kochen.

Sellerie, Lauch und Zwiebeln waschen, putzen, in feine Streifen schneiden und jeweils getrennt in Salzwasser kochen.
Die frischen Morcheln — nur wenn nötig — waschen, in einer Sauteuse in 50 g Butter zusammen mit den feingeschnittenen Schalotten garen. Die Tomate schälen, entkernen, in Streifen schneiden und in 20 g Butter weich dun-
sten, dabei salzen.

Weißwein, Champagner und Noilly Prat zusammen kurz
aufkochen, den Fond blanc zugeben und alles auf ein Viertel reduzieren. Crème double, Estragonessig und die Butter
zugeben, weitere 5 Minuten kochen lassen.

Fertigstellung:
Gemüse und Kutteln aus dem Sud nehmen, gut abtropfen
lassen, mit den Morcheln und der geschlagenen Sahne in
die Sauce geben, kurz aufkochen lassen, auf heißen Tellern
anrichten, mit den Tomatenstreifen und etwas Petersilie
garnieren.

Suppen

Tomatensuppe mit Blattspinat und Champignonstreifen

Vollreife, aromatische Tomaten brauchen Sie für dieses Rezept, am besten Gärtnertomaten aus hiesigem Anbau, die keine lange Reise in Kühlwaggons zurücklegen mußten. Gekühlte Tomaten verlieren ihren intensiven Duft.

Für 4—6 Personen:

Tomatensuppe

800 g Tomaten, möglichst süße · 125 g Butter ·
¼ l Consommé · ¼ l Sahne · Estragonessig ·
Salz · Pfeffer · Zucker

Spinat und Champignons

50 g Champignons · 15 g junger Blattspinat

Die Tomaten enthäuten und das Kerngehäuse entfernen. Das Kerngehäuse durch ein Sieb passieren und den auslaufenden Saft zu den Tomaten geben.
Die Tomaten mit 50 g Butter verkochen. Im Mixer mit der übrigen Butter pürieren. Durch ein Sieb passieren, da meistens noch einige Kerne zurückgeblieben sind. Das Tomatenmus mit der Consommé und Sahne aufkochen und gut verrühren. Mit einem Spritzer Estragonessig, Salz, Pfeffer und 1 Prise Zucker abschmecken.

Von den Champignons und den Spinatblättern die Stiele entfernen. Pilze und Spinatblätter waschen und trocknen.

Die Champignonknöpfe in ganz feine Streifen schneiden, die Spinatblätter halbieren.

Fertigstellung:

Die Suppe kurz erwärmen, die Champignonstifte und Spinatblätter zugeben. Die Suppe in Tassen verteilen.

Gebräunte Grießsuppe

Sie brauchen für diese Suppe Hartweizengrieß, der beim Anrösten besonders gut sein Aroma entwickelt und seine Konsistenz behält.

Grießsuppe

30 g Grieß · 1 l Geflügelbrühe, kräftig ·
¹/₄ l Sahne · 1 Eigelb · Muskatnuß · Salz ·
30 g Butter · 1 EL geschlagene Sahne

Garnitur

30 g Kopfsalat oder Blattspinat · 2 Scheiben
Toastbrot · 30 g Butter

15 g Grieß ohne Fett in einer Sauteuse goldbraun anrösten, dabei ständig rühren, damit er gleichmäßig bräunt. Mit der kochendheißen Brühe aufgießen und den restlichen Grieß zugeben. 6 Minuten kochen lassen. Die Sahne mit dem Eigelb verquirlen und mit wenig Muskatnuß würzen. Nach und nach etwas Brühe einrühren und diese Legierung zur Suppe geben. Mit Salz abschmecken und mit Butter verfeinern.

Den Kopfsalat oder Spinat in feine Streifen schneiden. Das Toastbrot entrinden, würfeln und in der Butter goldbraun rösten.

Fertigstellung:

Die geschlagene Sahne unter die Suppe heben, in vorgewärmten Tassen oder tiefen Tellern anrichten. Die Gemüsestreifen und die Croûtons darüber verteilen.

Suppe von
»Krause-Glucke«-Pilzen

Die »Krause Glucke« ist ein recht unbekannter Pilz, man findet ihn nicht überall.

250 g Krause-Glucke-Pilze (auch »Fette Henne«
genannt) · 400 g Butter · Salz · 0,8 l Consommé ·
1 EL gehackte Petersilie

Die Pilze putzen, gut waschen und in kleine Stücke teilen. In einem großen Topf mit 50 g Butter und wenig Salz ansautieren.
Die Consommé getrennt zum Kochen bringen, die restliche Butter darin schmelzen und alles auf die Pilze gießen. Vom Herd nehmen und etwa 5 Minuten durchziehen lassen.

Fertigstellung:

Die Suppe abpassieren, nochmals aufkochen und im Mixer aufschlagen. Wieder zu den Pilzen geben, die gehackte Petersilie einstreuen und, wenn nötig, mit Salz abschmecken. Auf tiefe Teller verteilen.

Kartoffelsuppe
mit Meeresschnecken

Die Schnecken aus ihrem kleinen Gehäuse herauszuziehen, ist etwas mühsam. Am besten geht es mit einer Stecknadel, mit der Sie zunächst das durchsichtige Plättchen wegschieben, mit dem die Schnecke verschlossen ist, und dann das Fleisch vorsichtig herauszuziehen.

Kartoffelsuppe

350 g gute mehlige Kartoffeln (z. B. Bintje) ·
Salz · 0,1 l Sahne · 160 g Butter · Muskatnuß ·
Pfeffer · ½ l Consommé, kräftig

Einlage

40 Meeresschnecken (Bigorneaux) · Salz ·
Brunnenkresse · 2 Scheiben Toastbrot ·
30 g Butter · 1 EL Schlagsahne

Die Kartoffeln in gut gesalzenem Wasser (wenn vorhanden, im Dampfkochtopf) garen. Durch die Kartoffelpresse drücken und noch heiß mit Sahne und Butter glattrühren. Mit Salz, Muskat und eventuell etwas Pfeffer abschmecken.
Die Consommé zugeben, die Suppe kurz aufkochen und mit dem Schneebesen gut durchrühren. Es kann auch ein Pürierstab dazu benutzt werden. Jedoch nicht im Mixer aufschlagen, da die Suppe sonst zu stark bindet und klebrig wird.

Die Schnecken in Salzwasser ca. 10 Minuten kochen. Mit einem Zahnstocher oder einer Stecknadel aus dem Gehäuse herausziehen, Darm und Deckklappen entfernen. Die Kresse zupfen. Das Toastbrot entrinden, in Würfel schneiden und in Butter goldbraun rösten.

Schnecken und Kresse in die Suppe geben, die geschlagene
Sahne unterheben und in tiefen Tellern anrichten.
Die Croûtons darüberstreuen.

Kartoffelsuppe
mit weißen Alba-Trüffeln

Wichtig — wie immer bei weißen Trüffeln: die Scheiben
müssen hauchdünn sein. Am besten hobeln Sie die Trüffel
erst bei Tisch ganz frisch darüber, damit nichts von ihrem
Duft verfliegt.

Kartoffelsuppe

*350 g gute mehlige Kartoffeln (z. B. Bintje) ·
Salz · 0,2 l Sahne · 100 g Butter · Muskatnuß ·
Pfeffer · ½ l Consommé, kräftig*

Einlage

*100 g Kartoffeln · 100 g Butter · 40 g weiße
Trüffel · etwas Kerbel*

Die Kartoffeln in gut gesalzenem Wasser (eventuell im
Dampfkochtopf) garen.
Durch die Kartoffelpresse drücken und noch heiß auf dem
Herd mit Sahne und Butter glattrühren. Mit Salz, Muskat
und Pfeffer abschmecken. Die Consommé zugeben, die Suppe aufkochen und mit dem Schneebesen oder Pürierstab gut
durchrühren. Schlagen Sie die Suppe nicht mit dem Mixer
auf, da sie dann zu stark bindet.

Die Kartoffeln für die Einlage schälen und in kleine Würfel
schneiden. Die Butter klären und die Kartoffelwürfel darin

knusprig braten. Die Trüffel unter fließendem Wasser kräftig bürsten.

Fertigstellung:
Die Suppe in Tassen füllen und die gebratenen Kartoffelwürfel darin verteilen. Die Trüffel gleichmäßig darüberhobeln und mit gezupften Kerbelblättern garnieren.

Wachtel-Consommé
mit Linsen

Kaufen Sie Linsen dort, wo Sie sicher sein können, daß sie regelmäßig Absatz finden. Denn nur frische Linsen schmekken gut und sind auch viel schneller gar als solche aus der Vorjahresernte.

Wachtel-Consommé
4 Wachteln · 1 Stück Staudensellerie ·
1 kleine Zwiebel · 1 Karotte · 15 g Butter ·
2 Liebstöckelblätter · 4 Egerlinge · 1 kleiner
Thymianzweig · 3 Eiweiß · 1 l Geflügel-
fond · Salz

Einlage
30 g Tellerlinsen (5 Stunden eingeweicht) ·
80 g Mairitterlinge (oder Zuchtpilze, wie z. B.
Egerlinge) · 1 Karotte · 1 Petersilien-
wurzel · 1 TL Kerbel, gezupft

Die Wachteln ausnehmen, die Brüstchen vom Knochen lösen und mit den Herzen und Lebern zur Seite stellen.
Die Wachtelkarkassen grob zerkleinern und mit den geputzten und grobgewürfelten Gemüsen in der Butter anschwit-

zen. Liebstöckel, die geviertelten Egerlinge und den Thymianzweig zugeben und erkalten lassen.

Nun das Eiweiß zum Klären unter das abgekühlte Gemüse und die Karkassen mischen und mit dem kalten Geflügelfond aufgießen. Zum Kochen bringen. Die Brüstchen einlegen und 5 Minuten ziehen lassen. Wieder herausnehmen, die Haut abziehen, das Fleisch längs in Scheiben schneiden und zur Seite stellen. Die Consommé 30 Minuten köcheln lassen und abpassieren. Den Topf vom Herd nehmen, Herzen und Lebern in die Brühe einlegen.

Die eingeweichten Linsen abspülen und in etwas Wachtel-Consommé weich dünsten.
Die Gemüse in feine Würfel schneiden und mit den Pilzen ebenfalls in etwas Brühe garen. Wenn nötig, salzen.

Fertigstellung:

Wachtelbrüstchen, Gemüse und Pilze in die Consommé geben, kurz erhitzen und in einer Terrine anrichten.
Mit gezupftem Kerbel bestreuen.

Lamm-Consommé
mit Gersteneinlage

Gerste ist eher bekannt als Rollgerste oder Graupen. Achten Sie darauf, daß Sie kleine Graupen, sogenannte Perlgraupen, kaufen und davon die kleinsten nehmen, die Sie bekommen können. Es gibt sie in verschiedenen Größen: von mittelfein bis fein.

Lamm-Consommé
30 g Zwiebel · 30 g Karotte · 30 g Staudensellerie ·
500 g Lammknochen · 1 kleiner Thymian-
zweig · $\frac{1}{2}$ Knoblauchzehe · 1 l Fleischbrühe ·
100 g Wadenfleisch (Unterschenkel) vom
Lamm · Salz · Pfeffer

Einlage
2 EL Gerstengraupen · 15 g Karotte ·
15 g Lauch · 15 g Staudensellerie

Die Gemüse waschen, putzen, grob würfeln und mit den zerhackten Knochen in einen Topf geben. Thymian und Knoblauchzehe zufügen, mit der Fleischbrühe aufgießen. Das Wadenfleisch zugeben und alles 30 Minuten köcheln lassen, bis es weich ist.
Das Lammfleisch herausnehmen, die Brühe durch ein Tuch passieren, mit Salz und Pfeffer abschmecken.

Die Gerste in Salzwasser weich kochen. Das Fleisch in Würfel schneiden. Das Gemüse für die Einlage putzen, würfeln und blanchieren.

Fertigstellung:
Die Gerste, das Fleisch und die Gemüse in der Consommé erhitzen und in Tassen servieren.

Creme von frischen Erbsen mit Römersalat

Frische Erbsen gibt es nicht das ganze Jahr über. Sie können auch gefrorene Perlerbsen verwenden, aber natürlich von bester Qualität.

Für 4—6 Personen:

Erbsensuppe

*30 g Schalotten · 150 g Butter · 300 g Gartenerbsen (ohne Schoten) · 1 l Geflügelfond ·
Salz · Pfeffer · 1 Prise Zucker ·
3 EL geschlagene Sahne*

Garnitur

*10 Lattichblätter, vom Herzen (Romanasalat) ·
1 EL Butter*

Die feingeschnittenen Schalotten in 25 g Butter anschwitzen, ohne sie Farbe nehmen zu lassen. Die Erbsen zugeben und mit dem Geflügelfond aufgießen. So lange kochen, bis die Erbsen weich sind.
Im Mixer pürieren, durch ein Haarsieb streichen und mit den Gewürzen abschmecken. Mit der restlichen Butter nochmals aufkochen, im Mixer kurz aufschlagen.

Die Salatblätter waschen, abtrocknen und in feine Streifen schneiden. In Butter ganz kurz dämpfen.

Fertigstellung:

Schlagsahne und Salat-Julienne zur Suppe geben und in Tassen verteilen.

Bemerkung:

Als zusätzliche Einlage eignen sich Streifen von gekochter Hühnerbrust.

Geeiste Gurkensuppe
mit Flußkrebsen und Dill

Leider gibt es nur selten Gurken, die einen vollen Geschmack haben. Sie sind für dieses Gericht ganz wichtig. Kaufen Sie deshalb dafür unbedingt die kleinen Gärtnergurken.

Gurkensuppe
2 Salatgurken (Freiland) · 12 g Salz · 1 Bund
Dill, gehackt · 1 Becher Magerjoghurt ·
1 EL saure Sahne · Zitronensaft

Garnitur
16 Flußkrebse

Die Gurken schälen, halbieren und mit einem Löffel das Kerngehäuse entfernen. Dieses auf einem Haarsieb auspressen, um den Saft zu erhalten. Die Gurken in ca. 2 cm dicke Scheiben schneiden, einsalzen und für 2—3 Stunden kalt stellen. Dann im Mixer mit dem Gurkensaft nicht zu fein pürieren.
Dill, Joghurt und saure Sahne beigeben, mit Zitronensaft und Salz abschmecken.
Da die Gurken unterschiedlich safthaltig sind, kann gegebenenfalls noch mit dem Saft einer zusätzlichen Gurke verlängert werden, um eine flüssigere Konsistenz zu erhalten.
Die Suppe für 1 Stunde auf Eis stellen, da sie eisgekühlt serviert am besten schmeckt.

Die Krebse in reichlich Salzwasser ca. 3—4 Minuten garen. Krebse und Scheren ausbrechen und den Darm entfernen.

Fertigstellung:
Die Gurkensuppe in eisgekühlte Teller oder Suppentassen geben und die noch lauwarmen Krebse darauf anrichten.

Kräutercremesuppe

Je nach Jahreszeit und Angebot können Sie mit den Kräutern variieren.

½ l Consommé, kräftig · ½ l Crème double ·
150 g Butter · Salz

Kräuter (alle fein gehackt)

3 EL Kerbel · 1 TL Petersilie · 1 TL Estragon ·
2 EL Sauerampfer · 1 TL Basilikum

50 g Schlagsahne

Consommé und Crème double zusammen 30 Minuten kochen. Die Butter beigeben, wenn nötig, mit Salz abschmekken. Im Mixer stark aufschlagen und in den Topf zurückgeben.

Fertigstellung:

Die feingehackten Kräuter und die geschlagene Sahne unter die Creme ziehen und in Suppentassen servieren.

Kraftbrühe
mit Mark-Croûtons
und Schnittlauch

Eine Suppe, die von selbst anfällt, wenn es als Hauptgang ein schönes Stück gekochtes Rindfleisch geben soll.

Kraftbrühe

2 Karotten · 2 Stück Staudensellerie ·
½ Zwiebel mit Schale · 5 Liebstöckelblätter ·
1 Ochsenbrust oder 1 Stück Tafelspitz
von 1,5 kg · 2 Eiweiß · 1 TL Sherry ·
Muskatnuß · Salz · Pfeffer aus der Mühle

Mark-Croûtons

8 Scheiben Baguette von je ½ cm ·
60 g Butter · 16 Scheiben Rindermark von
je ½ cm · Salz · Pfeffer · 1 Bund Schnittlauch

Die Hälfte der Gemüse waschen und grob würfeln. Die Zwiebelhälfte mit der Schnittfläche auf eine heiße Herdplatte legen und schwarz rösten.

Die Gemüse mit der Zwiebel, den Liebstöckelblättern und dem Rindfleisch in einen hohen Topf geben und mit kaltem Wasser auffüllen, so daß alle Zutaten bedeckt sind. Bis zum Siedepunkt erhitzen und je nach Fleischqualität 1½–2½ Stunden leise ziehen lassen. Die Brühe abpassieren und kalt stellen.

Das restliche Gemüse geputzt und gewürfelt mit dem Eiweiß vermischen, mit der erkalteten Brühe aufgießen und langsam zum Kochen bringen. Dabei sollte ab und zu umgerührt werden. Die Hitze reduzieren und noch 5 Minuten köcheln lassen. Nun die Brühe mit dem Sherry und den Gewürzen abschmecken und durchsieben.

Die Baguettescheiben in der Butter auf beiden Seiten gold-braun braten. Auf einem Tuch das überschüssige Fett ab-tropfen lassen.

In einer Sauteuse etwas Brühe erhitzen und die Markschei-ben darin aufwallen lassen. Mit einem Schaumlöffel heraus-nehmen, auf ein Tuch geben, mit Salz und Pfeffer würzen.

Fertigstellung:

Je zwei Markscheiben auf einem Croûton anrichten und mit feingeschnittenem Schnittlauch bestreuen.

Die heiße Suppe in Tassen füllen und je zwei Croûtons se-parat dazu reichen.

Bemerkung:

Zur gekochten Ochsenbrust, die es anschließend gibt, emp-fehle ich eine Meerrettich- oder Schnittlauchsauce und neue Kartoffeln.

Fisch

Scholle mit Tomaten-Kräuter-Sauce

Ein preiswertes Gericht, wenn frische Schollen auf dem Markt sind. Es macht wenig Arbeit und schmeckt hervorragend. Wenn Sie die Schollen bereits filetiert kaufen, achten Sie darauf, daß auch wirklich die Haut abgezogen ist. Die weiße Haut der Unterseite lassen die Fischhändler nämlich meist dran.

Kräutersauce
*0,15 l Chablis · 5 cl Noilly Prat · 3—4 Schalotten ·
0,3 l Fischfond ·80 g Butter · Salz · eventuell
Zitronensaft · 1 EL gehackter Kerbel ·
½ TL Estragon · ½ TL Basilikum ·
1 EL geschlagene Sahne*

Tomaten
2 kleine Tomaten · 2 EL Butter · Salz

Scholle
*500 g Schollenfilets · Salz · Pfeffer ·
Öl zum Braten*

Chablis und Noilly Prat mit den feingeschnittenen und gewaschenen Schalotten ankochen und mit dem Fischfond auffüllen. Auf die Hälfte reduzieren, die Butter zugeben und darin verkochen lassen. Abpassieren, mit Salz und eventuell etwas Zitronensaft abschmecken. Kurz im Mixer aufschlagen.

Die Tomaten enthäuten, entkernen und in kleine Würfel schneiden. In einer Kasserolle mit der Butter gut verkochen, anschließend fein hacken und sparsam salzen.

Die Schollenfilets, die ganz frisch sein sollten, würzen und in sehr heißem Öl schnell auf beiden Seiten Farbe nehmen lassen.

Fertigstellung:
Die Kräuter fein schneiden, mit den Tomaten und der geschlagenen Sahne unter die Sauce ziehen. Diese auf vorgewärmte Teller verteilen und die Filets darauf anrichten.

Bemerkung:
Bei Schollen ist es besonders wichtig, daß sie bei hoher Temperatur und in ganz heißer Pfanne schnell gebraten werden, damit sie rasch garen und ihr Biß erhalten bleibt.

Seeteufel im ganzen gebraten, mit Thymianbutter

An der Gräte, also im ganzen gegart, bleibt Fisch besonders saftig — beim Seeteufel stört das auch beim Essen nicht, weil er nur ein Rückgrat besitzt, also keine unangenehmen Seitengräten.

Seeteufel

1 Seeteufel (Lotte) von ca. 1 kg · Salz · Pfeffer ·
Mehl · 0,1 l Öl zum Anbraten · 70 g Butter ·
3 Thymianzweige · 2 Knoblauchzehen,
ungeschält · 2 ganze Schalotten, geschält

Sauce

8 cl Weißwein · 2 cl Noilly Prat · 0,2 l Fisch-
fond · 80 g Butter · 3 Thymianzweige ·
1 EL gehackter Kerbel

Garnitur

3 Tomaten · 30 g Butter · Salz

Den Seeteufel enthäuten und säuberlich alle dunklen Fettstellen entfernen. Den Fisch mit Salz und Pfeffer würzen
und in Mehl wenden. In einer Pfanne das Öl stark erhitzen,
den Fisch auf beiden Seiten darin anbraten. In eine flache,
kalte Kasserolle, in der der Fisch gerade Platz hat, die Butter mit den Aromaten und Schalotten geben und den Seeteufel darauflegen.

Wein und Noilly Prat ankochen und mit dem Fischfond aufgießen. Je nach Stärke des Fonds auf mindestens die Hälfte
reduzieren. Die Butter darin verkochen lassen, die Thymianzweige zugeben und nochmals 2—3 Minuten köcheln lassen.

Tomaten enthäuten, entkernen und in Würfel schneiden.
Die Butter in einer Kasserolle schmelzen lassen und die Tomaten darin gut verkochen. Mit Salz abschmecken.

Fertigstellung:

Den Fisch im vorgeheizten Ofen bei 240°C 15—20 Minuten
garen, herausnehmen und die in der Form entstandene
Flüssigkeit zu der Sauce geben. Diese abpassieren und im
Mixer aufschlagen. Nach Geschmack noch mit etwas Weißwein und Salz nachwürzen. Den gehackten Kerbel beigeben.
Die Lotte auf einer vorgewärmten Platte anrichten. Mit etwas Sauce nappieren und mit dem Tomatencoulis garnieren. Die restliche Sauce separat reichen. Den Fisch erst am
Tisch filetieren.

Zander in Zitronenbutter

Nehmen Sie hierfür, wie im Rezept angegeben, kleine Zander und rechnen Sie pro Portion ein Filet. Die Filets großer Fische sind nicht nur weniger zart, sie lassen sich auch nicht so perfekt garen.

Zander
*2 Zander à ca. 800 g · Salz · Pfeffer · Mehl ·
50 g Butter zum Braten*

Zitronenbutter
*2 EL Noilly Prat · 50 g Butter · 1 Zitrone
(Filets ohne Haut) · Salz*

Garnitur
*4 Scheiben Toastbrot (2 Tage alt) · 50 g Butter ·
4 cl brauner Kalbsfond · etwas Brunnenkresse*

Die Zander filetieren, enthäuten und mit einer Pinzette die Gräten herausziehen.
Die Filets würzen und leicht mehlieren.

In einer Sauteuse den Noilly Prat auf die Hälfte reduzieren, die Butter und die Zitronenfilets zugeben. Salzen und etwas verkochen lassen.

Die Toastbrotscheiben entrinden und in kleine Würfel schneiden. Die Butter in einer Pfanne schmelzen und die Brotwürfel langsam goldgelb braten.

Fertigstellung:
Die Zanderfilets in Butter goldbraun braten, eventuell etwas nachwürzen und mit der Bratbutter übergießen. Den Fisch auf vorgewärmten Tellern anrichten, die Zitronenbutter darübergeben und mit Kalbsfond beträufeln. Mit den Croûtons bestreuen, mit Brunnenkresse garnieren und sofort servieren.

Steinbutt in Senfsauce
mit geschmolzenen Tomaten

Steinbutt hat ein kräftiges Aroma und kann eine intensive
Sauce durchaus vertragen.

Senfsauce

0,1 l Weißwein · 4 cl Noilly Prat · 1 Schalotte ·
$\frac{1}{2}$ l Fischfond · $\frac{1}{4}$ l Crème double · 25 g Butter ·
Zitronensaft · 1 EL grüner Pfeffersenf ·
Salz · Pfeffer · 1 EL gehackter Kerbel ·
1 EL Schlagsahne

Geschmolzene Tomaten

2 Tomaten (möglichst kleine, aromatische) ·
1 EL Butter · Salz

Steinbutt

1 EL Weißwein · 3 cl Fischfond · Salz ·
500 g Steinbuttfilet

Weißwein und Noilly Prat mit der feingeschnittenen, gewaschenen Schalotte ankochen. Mit $\frac{1}{2}$ l Fischfond auffüllen
und auf ein Viertel reduzieren. Crème double, Butter und
Zitronensaft zu dieser Reduktion geben und weitere 10 Minuten köcheln lassen. Den Senf unterrühren und aufkochen. Die Sauce abpassieren und im Mixer aufschlagen. Mit
Salz, Pfeffer und etwas Zitronensaft abschmecken.

Die Tomaten enthäuten, entkernen und in Würfel schneiden. In der erhitzten Butter gut verkochen und salzen.

Weißwein und Fischfond leicht salzen und in eine Kasserolle geben. Die Fischfilets einlegen und im vorgeheizten Ofen
bei 240°C 5 Minuten garen.

Fertigstellung:

Den feingehackten Kerbel und die Schlagsahne unter die
Sauce rühren.

Mit der Sauce einen Spiegel auf vorgewärmte Teller gießen,
die Fischfilets darauf anrichten und mit der restlichen Sauce nappieren.

Mit den geschmolzenen Tomaten garnieren.

Lachs
mit Meersalz pochiert

Der fette Lachs verträgt es gut, in dem stark gewürzten Sud
zu ziehen, ohne allzu salzig zu schmecken!

Sud für den Lachs

*125 g Meersalz · 2 l Wasser · 4 cl Estragonessig ·
¹/₄ l Weißwein · 1 TL Pfefferkörner · 1 Thymianzweig · 1 Stück Lauch · 1 Stück Staudensellerie · 1 Karotte*

Estragonsauce

*0,1 l Weißwein · 2 cl Noilly Prat · 1 Schalotte ·
¹/₂ l Fischfond · 170 g Butter · Salz ·
1 TL Estragonessig · 20 Estragonblätter*

Lachs

*4 Lachsfilets à 60 g als Zwischengericht,
à 130 g als Hauptgericht*

Gemüsestifte

*50 g Sellerie · 50 g Lauch · 50 g Staudensellerie ·
50 g Karotte*

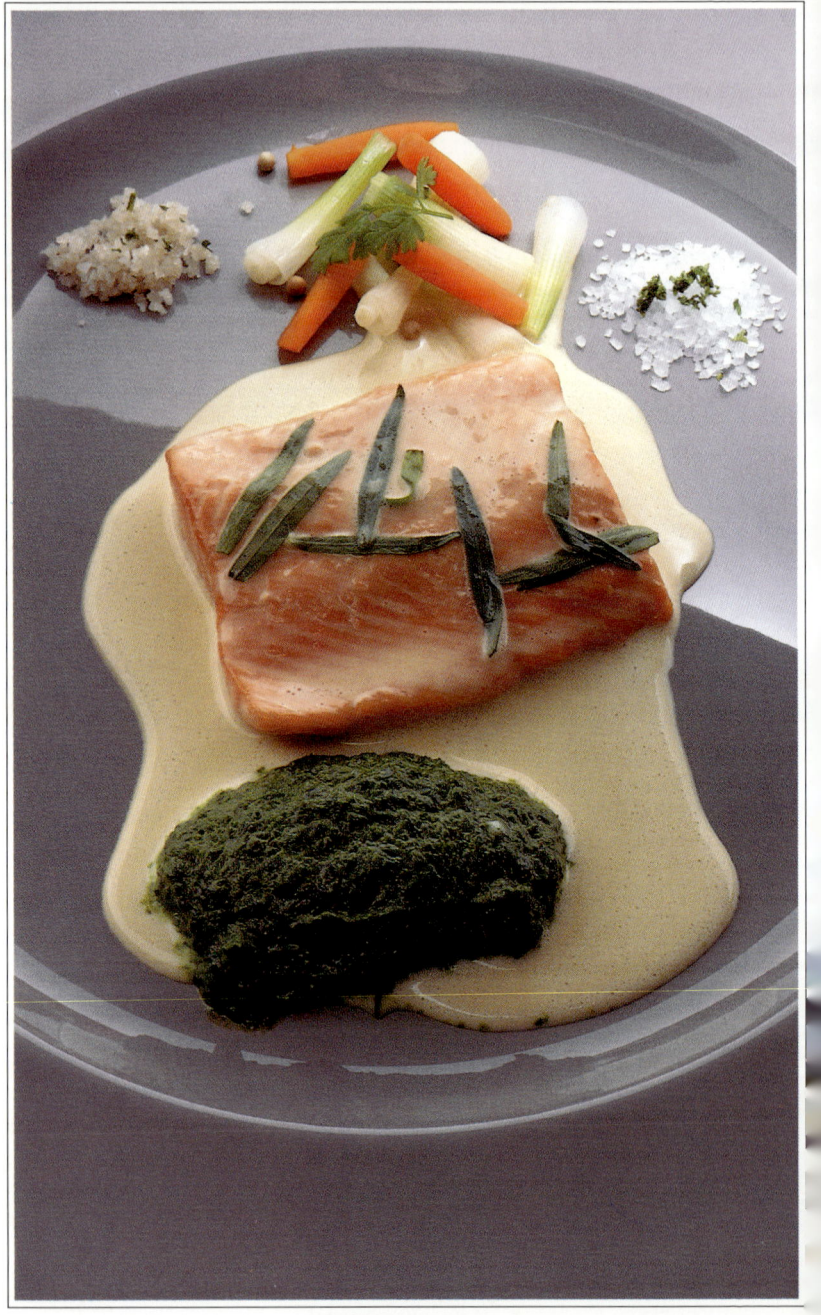

Die angegebenen Zutaten für den Sud zusammen aufkochen und 10 Minuten ziehen lassen. Er muß stark salzig schmecken.

Weißwein, Noilly Prat und die kleingeschnittene, gewaschene Schalotte kurz ankochen, mit Fischfond auffüllen und auf ein Drittel reduzieren. Butter zu dieser Reduktion geben und weitere 10 Minuten köcheln lassen. Die Sauce abpassieren, im Mixer aufschlagen, mit Salz und Estragonessig abschmecken. Die Estragonblätter zugeben.

Die Lachsstücke in den leicht kochenden Sud einlegen und 3—5 Minuten je nach Größe neben dem Feuer ziehen lassen. Der Lachs sollte beim Herausnehmen nicht ganz durch sein, da er selbst in der kurzen Zeit bis zum Servieren etwas nachgart.

Die Gemüse in feine Streifen schneiden, blanchieren und abtropfen lassen.

Fertigstellung:
Etwas Estragonessig auf vorgewärmte Teller geben, den Fisch darauf anrichten und mit der restlichen Sauce nappieren. Mit den Gemüsestiften garnieren.
Als Beilage eignet sich besonders gut Petersilienpüree (Rezept Seite 232).

Rotbarbe in Rotweinbutter
auf Blattspinat

Ein ganz besonderer Fisch. Sein spezielles, sehr intensives Aroma ist sicher nicht jedermanns Geschmack, aber wer es einmal schätzen gelernt hat, wird Rotbarben anderen Fischen immer vorziehen.

Rotweinbutter
½ l Rotwein · ⅛ l Portwein, rot · 4 Schalotten ·
150 g Butter · Salz

Blattspinat
20 g Butter · 0,1 l Wasser · Salz · Pfeffer ·
Muskat · 300 g Spinat, jung, ohne
Stiele · 2 EL Schlagsahne

Rotbarben
4 Rotbarben à 150—200 g · 3 cl Fischfond

Rotwein und Portwein mit den feingeschnittenen und gewaschenen Schalotten auf ein Minimum reduzieren. 5 Minuten zur Seite stellen. Auf den Herd zurückstellen und die Reduktion mit einem Spritzer Rotwein lösen. Nach und nach die Butter einrühren. Mit Salz abschmecken. Sollte die Rotweinbutter zu säuerlich sein — das kann bei säurereichem Rotwein vorkommen —, fügen Sie etwas reduzierten Portwein hinzu.

Die Butter für den Spinat zusammen mit dem Wasser und den Gewürzen in einen Topf geben. Den gewaschenen und abgetropften Blattspinat zugeben und unter mehrmaligem Umrühren dämpfen. Das überflüssige Wasser abgießen und den Spinat warm stellen. Vor dem Servieren die Schlagsahne unterziehen.

Die Fische filetieren und die verbliebenen Gräten mit einer Pinzette herausziehen. Den Fischfond in einer flachen Kasserolle erhitzen, die Fischfilets einlegen und im vorgeheizten Ofen bei ca. 220°C je nach Größe 3—5 Minuten garen.

Fertigstellung:

Die Rotbarbenfilets auf einem Tuch abtropfen lassen und etwas trockentupfen.

Den gedämpften Spinat in der Mitte der vorgewärmten Teller anrichten, die Rotweinbutter außen um den Spinat verteilen und die Fischfilets obenauf setzen.

Bemerkung:

Verwenden Sie keine Rotbarben, die mehr als 200—250 g wiegen, da diese meistens einen tranigen Geschmack haben.

Lachs
in Basilikumbutter

Ein Gericht für den Sommer, wenn es frisches Basilikum und reife, aromatische Tomaten gibt.

Tomatengarnitur
4 kleine Tomaten · 40 g Butter · Salz

Basilikumbutter
150 g Butter · 12 Basilikumblätter · 1 Zitrone ·
Salz · Pfeffer aus der Mühle

Sud
1 l Wasser · 1 cl Weißwein, trocken ·
1 Schalotte · 1 Stück Staudensellerie · 1 kleines
Stück Lauch · 6 Pfefferkörner · 40 g Meersalz

Lachs
8 dünne Scheiben Lachs à 70 g (sehr flach aus
dem Filet geschnitten)

Die Tomaten enthäuten, entkernen und in Würfel schneiden. Mit der Butter und etwas Salz verkochen.

Butter, Basilikum und Zitronensaft mit etwas Salz und Pfeffer in eine kalte Sauteuse geben und auf dem Herd unter ständigem Rühren schmelzen. Kurz aufkochen und abpassieren.

Wasser und Wein mit den geputzten, grobgewürfelten Gemüsen und den Gewürzen in einem flachen Topf zum Kochen bringen. Den Topf vom Herd nehmen und den Lachs in den Sud einlegen. Je nach Stärke der Scheiben ca. 3—5 Minuten ziehen lassen.

Fertigstellung:

Die Basilikumbutter auf vorgewärmte Teller geben, den Lachs darauf anrichten und mit den geschmolzenen Tomaten garnieren.

Lachs in Blätterteig mit Estragonsauce

Eine Vorspeise in einem aufwendigen Menü oder das Hauptgericht bei einem festlichen Essen. Besonders bequem, wenn Gäste kommen: Man kann alles fix und fertig vorbereiten und muß die Lachspäckchen dann nur noch backen und anrichten.

Fischfarce

*100 g Hechtfilet · 1 Ei · 100 g Crème double ·
Muskat · Salz · Pfeffer · 20 g Gemüsewürfel (Karotte, Lauch, Sellerie) · 30 g Butter ·
2 EL Schlagsahne*

Lachs

*150 g Blätterteig · 12 größere Spinatblätter
(blanchiert) · Salz · Pfeffer · 200 g Lachsfilet
(oder 320 g als Hauptgang) · 1 Eigelb
zum Bestreichen*

Estragonsauce

*0,1 l Weißwein · 2 cl Noilly Prat · 1 Schalotte ·
$\frac{1}{2}$ l Fischfond · $\frac{1}{4}$ l Crème double · 25 g Butter ·
Salz · 1 TL Estragonessig · 20 Estragonblätter*

Garnitur

2 kleine Tomaten · 1 EL Butter · Salz

Das gut gekühlte Hechtfleisch in Stücke schneiden, salzen und im Blitzhacker fein zerkleinern. Ein Ei zugeben, nach und nach die Crème double einarbeiten. Mit Muskat, Salz und Pfeffer abschmecken, durch ein Haarsieb streichen und kalt stellen.

Karotten, Sellerie und Lauch in feine Würfel schneiden, mit etwas Butter und wenig Wasser dünsten. Auf einem Teller erkalten lassen. Mit der Farce gut vermischen und anschließend die geschlagene Sahne unterziehen.

Den Blätterteig hauchdünn ausrollen und zu Rechtecken von etwa 13 × 15 cm schneiden. Mit den blanchierten, trockengetupften Spinatblättern belegen. Die Farce auf die Blätter streichen und die mit Salz und Pfeffer gewürzten Lachsfilets darauflegen.

Den Fisch einschlagen. Dabei besonders darauf achten, daß sich der Spinat nicht überlappt und das Päckchen nicht zu dick wird.

Das Eigelb mit etwas Wasser verquirlen, die Teigoberfläche damit bestreichen und die Päckchen auf ein mit kaltem Wasser abgespültes oder mit Backpapier belegtes Blech geben. Mindestens 30 Minuten ruhen lassen, damit der Teig beim Backen nicht reißt.

Weißwein, Noilly Prat und die kleingeschnittene, gewaschene Schalotte kurz ankochen, mit Fischfond auffüllen und auf ein Viertel reduzieren. Crème double und Butter zu dieser Reduktion geben und weitere 10 Minuten köcheln lassen. Die Sauce abpassieren, im Mixer aufschlagen, mit Salz und Estragonessig abschmecken. Die Estragonblätter zugeben.

Die Tomaten enthäuten, entkernen und in Würfel schneiden. Die Butter in einer Sauteuse schmelzen und die Tomaten darin gut verkochen. Mit Salz abschmecken.

Fertigstellung:

Den Lachs in Blätterteig im vorgeheizten Ofen bei 250°C 8—10 Minuten backen. Die Sauce auf tiefe Teller verteilen, die Lachspäckchen darauf anrichten und mit den geschmolzenen Tomaten garnieren.

Sankt-Petersfisch in Paprikabutter mit Pfifferlingen

Um den Saft für die Paprikabutter zu gewinnen, brauchen Sie einen elektrischen Entsafter.

Paprikabutter

*1 kg rote Paprikaschoten · Saft von 3 Zitronen ·
150 g Butter*

Sauce

*0,1 l Weißwein · 2 cl Noilly Prat · 1 Schalotte ·
½ l Fischfond · ¼ l Crème double · Saft
von ½ Zitrone · Salz*

Garnitur

200 g Pfifferlinge · Kerbel · Salz

Sankt-Petersfisch (St. Pierre)

*600 g Petersfisch-Filet · Salz · Butter ·
3 EL Fischfond · 1 EL Weißwein*

Die Paprikaschoten halbieren, entkernen und roh entsaften. Den Paprikasaft mit dem Zitronensaft und ca. 0,2 l Wasser mischen. Dadurch setzen sich innerhalb von Minuten die festen Bestandteile an der Oberfläche ab. Dieses Paprikamark mit einem Schaumlöffel abschöpfen und in 150 g weiche Butter einrühren. Kühl stellen.

Weißwein, Noilly Prat und die feingeschnittene, gewaschene Schalotte kurz ankochen, mit dem Fischfond aufgießen und auf ein Viertel reduzieren. Die Crème double zugeben, nochmals ca. 10 Minuten köcheln lassen, abpassieren und im Mixer aufschlagen.

Die Pilze waschen und putzen. Den Kerbel zupfen.

Die Fischfilets salzen und in einer flachen, gebutterten Kasserolle mit dem Fond und den Wein im vorgeheizten Ofen bei ca. 240°C 5 Minuten pochieren.

Fertigstellung:

In die weiße Fischsauce die Paprikabutter einrühren und mit Salz und Zitronensaft abschmecken.
Die Pfifferlinge mit etwas Wasser und wenig Salz leicht dämpfen. Sie sollten kaum gewürzt sein.
Mit der Sauce auf vorgewärmte Teller einen Spiegel gießen und die pochierten Filets darin anrichten. Mit den Pfifferlingen und dem Kerbel garnieren.

Bemerkung:

Beim Sankt-Petersfisch ist besonders wichtig, die Filets nicht zu lange zu garen, da der Fisch leicht trocken wird.

Seezungenfilets
auf Vichy-Karotten
und Estragonsauce

Bei diesem Gericht ergänzt sich die Süße der Karotten mit der zarten Säure der Sauce besonders gut.

Estragonsauce

0,1 l Weißwein · 2 cl Noilly Prat · 1 Schalotte ·
½ l Fischfond · ¼ l Crème double · 25 g Butter ·
Salz · einige Tropfen Estragonessig ·
20 Estragonblätter

Vichy-Karotten

200 g Karotten · 0,2 l Mineralwasser ·
20 g Butter · Salz · Pfeffer · 1 Prise Zucker

Seezunge

8 Seezungenfilets · 3 cl Fischfond ·
1 cl Weißwein · Salz

Weißwein, Noilly Prat und die feingeschnittene, gewaschene Schalotte ankochen, mit Fischfond aufgießen und auf ein Viertel reduzieren.
Crème double und Butter zu dieser Reduktion geben und nochmals 10 Minuten köcheln lassen. Die Sauce abpassieren, im Mixer aufschlagen, mit Salz und Estragonessig abschmecken. Die feingeschnittenen Estragonblätter zugeben.

Die Karotten schälen und in gleichmäßig dünne Scheiben schneiden. Mit Wasser und Butter in eine Kasserolle geben, kochen, mit Salz, Pfeffer und Zucker abschmecken. Sobald das Wasser verdunstet ist, sollten die Karotten fertig sein.

Die Filets in eine feuerfeste flache Kasserolle legen. Den Fischfond und den Weißwein darübergießen und auf dem Herd kurz ankochen. Die Filets wenden und im vorgeheiz-

ten Ofen weitere 3 Minuten garen. Auf einem Tuch abtropfen lassen. Den Fond aufbewahren und für das nächste Fischgericht einfrieren.

Fertigstellung:
Die Karotten auf vorgewärmten Tellern fächerförmig anrichten. Je zwei Filets darauflegen und mit der Sauce nappieren.
Nach Belieben mit einigen Estragonblättern garnieren.

Seeteufel-Medaillons mit »Krause-Glucke«-Pilzen

Wenn Sie das Glück haben und beim Pilzesuchen diesem ungewöhnlichen Pilz begegnen, der aussieht wie ein frisch gewaschener Schwamm, dann sollten Sie ihn so verarbeiten. Für mich ist er einer der besten Pilze überhaupt.

Seeteufel-Medaillons
500 g Seeteufelfilets, sauber pariert · Butter ·
Salz · Pfeffer

»Krause-Glucke«-Pilze
200 g »Krause-Glucke«-Pilze (auch »Fette Henne«
genannt) · 80 g Butter · Salz · Pfeffer ·
1 EL Kerbel, gehackt

0,1 l Fischfond

Die Seeteufelfilets in ca. 1,5 cm dicke Scheiben schneiden, in eine flache, ausgebutterte Pfanne einlegen und auf beiden Seiten würzen.

Die Pilze in grobe Stücke zerpflücken, gut waschen und in einer Sauteuse mit der Butter dämpfen. Mit Salz und Pfeffer abschmecken und den Kerbel zugeben.

Sollten die Pilze sehr viel Flüssigkeit abgeben, muß sie abpassiert und eingekocht werden. Diesen Fond kurz im Mixer aufschlagen, um eine saucenartige Konsistenz zu erhalten. Die Pilze in den Fond zurückgeben.

Fertigstellung:

Den Fischfond zu den Seeteufel-Medaillons in die Pfanne geben, die Fischstücke bei niedriger Temperatur auf dem Herd pochieren.

Die Pilze auf vorgewärmten Tellern anrichten und die abgetropften Fischstücke darauf verteilen.

Waller-Fricassée mit Meerrettich und Gemüse-Julienne

Der Waller ist ein besonders edler und deshalb nicht ganz billiger Süßwasserfisch. Im Norden Deutschlands kennt man ihn eher unter dem Namen Wels.

Waller
1 Waller von 2 kg

Sud
*1 Karotte · 1 kleines Stück Lauch ·
1 Stück Staudensellerie · 0,2 l Edelzwicker ·
1 EL Estragonessig · 1 l Wasser · Salz*

Einlage
*50 g Karotten · 50 g Staudensellerie ·
50 g Lauch · Salz*

Sauce

6 cl Weißwein, trocken · 2 cl Noilly Prat ·
1 Schalotte · ½ l Fischfond · 170 g Butter · Salz ·
Pfeffer

Garnitur

½ Stange Meerrettich · einige Blätter
Brunnenkresse

Der frisch geschlachtete Waller sollte einen Tag in Eiswasser ruhen, bevor man ihn weiterverarbeitet. Dadurch verliert das Fleisch seine Spannung, es bleibt beim Garen saftiger. Dann wird der Fisch filetiert, enthäutet und in 4×4 cm große Stücke geschnitten.

Das Gemüse putzen, waschen und in grobe Würfel schneiden. Mit den übrigen Sudzutaten aufkochen und kräftig salzen.

Karotten, Sellerie und Lauch für die Einlage in feine Streifen schneiden und jedes Gemüse für sich in Salzwasser weich kochen. In einem Sieb abtropfen lassen.

Weißwein, Noilly Prat und die feingeschnittene, gewaschene Schalotte ankochen und mit Fischfond aufgießen. Auf ein Drittel reduzieren und die Butter darin verkochen. Mit Salz, Pfeffer und nach Belieben einem Spritzer Weißwein abschmecken. Im Mixer aufschlagen.

Fertigstellung:

Die Wallerstücke im Sud unterhalb des Siedepunktes 3—5 Minuten pochieren. Herausnehmen und auf einem Tuch trockentupfen.

Die Gemüse-Julienne zur Sauce geben. Diese auf vorgewärmte Teller verteilen und die Wallerstücke darauf anrichten.

Von der geschälten Meerrettichstange schaben Sie für jede

Portion etwa 5 feine Späne ab und setzen diese zwischen die Fischstücke (das geht am besten mit dem Kartoffelschäler). Mit Brunnenkresse garnieren.

Statt mit Meerrettich und Gemüse-Julienne kann das Waller-Fricassée auch mit einer schnell zubereiteten Sauce serviert werden, die besonders gut zu pochiertem Fisch paßt:

Senfbutter
mit grüner Paprikaschote

1 grüne Paprikaschote · 100 g Butter ·
40 g scharfer grüner Pfeffersenf · Salz ·
Zitronensaft

Die Paprikaschote halbieren, entkernen und zum Schälen 5 Minuten unter dem Grill bräunen, anschließend in kaltes Wasser tauchen. Die Haut abziehen, das Fleisch in kleine Würfel schneiden.

Fertigstellung:

Eine kleine Sauteuse erhitzen, die Butter hineingeben und gut bräunen, den Senf einrühren, mit Salz und Zitronensaft abschmecken, die Paprikawürfel beifügen. Die Senfbutter über die Wallerstücke geben.

Fricassée von Karpfen
auf Rote-Bete-Kranz
mit Meerrettich

Bitten Sie Ihren Fischhändler, den Karpfen nicht zu schuppen — Sie brauchen für dieses Gericht ohnehin die gehäuteten Filets, und durch das Schuppen wird der Fisch zu weich.

1,2 kg Karpfen (ergibt 600 g Filets)

Sud

*1 Karotte · 1 kleines Stück Lauch ·
1 Stück Staudensellerie · 0,2 l Edelzwicker ·
1 l Wasser · 40 g Meersalz*

Sauce

*0,1 l Weißwein · 1 cl Noilly Prat · 1 Schalotte ·
½ l Fischfond · ¼ l Crème double ·
25 g Butter · Salz*

Rote Bete

*80 g rote Bete · 20 g Butter · 2 EL Rotweinessig ·
6 cl Wasser · Salz*

Garnitur

1 kleines Stück Meerrettich

Den frischen Karpfen ausnehmen und für einige Stunden in kaltes Wasser legen, damit sein Fleisch fester wird. Den Fisch dann filetieren, enthäuten und entgräten. Die Filets in 4 × 4 cm große Stücke schneiden.

Die Gemüse für den Sud waschen, putzen und in große Würfel schneiden. Mit den übrigen Sudzutaten in einen Topf geben und gut durchkochen lassen.

Weißwein, Noilly Prat und die feingeschnittene, gewaschene Schalotte zusammen kurz ankochen, mit dem Fischfond aufgießen und auf ein Viertel der Menge reduzieren. Crème double und Butter zugeben, nochmals kurze Zeit kochen, wenn nötig, mit etwas Weißwein und Salz abschmecken. Durch ein feines Sieb passieren, die Sauce im Mixer aufschlagen. Sollte die Konsistenz zu dick sein, mit Fischfond etwas verlängern.

Rote Bete schälen und in zündholzdicke Streifen schneiden, in der Butter andämpfen, mit Rotweinessig ablöschen, mit Wasser aufgießen, salzen und weichdämpfen.

Fertigstellung:

Die Karpfenstücke im Sud 3—5 Minuten pochieren, herausnehmen und auf einem Teller trockentupfen. Die Sauce auf einen großen Teller geben, die Rote-Bete-Julienne im Kreis darauf anrichten, den Meerrettich darüberraspeln, die Karpfenstücke in die Mitte legen.

Schal- und Krustentiere

Krebse in Sauternes mit jungem Lauch

Die kräftigen Flußkrebse aus Deutschland oder Frankreich vertragen durchaus eine intensive Sauce und aromatisches Gemüse.

Krebse
20 Krebse · Salz

Sauce
280 g Butter · 0,7 l Fischfond · 1 kleines Stück Staudensellerie · 1 kleines Stück Lauch · 1 kleine Karotte · 1 Tomate · 2 Schalotten · 1 Knoblauchzehe · 0,1 l Chablis · 0,15 l Sauternes (z. B. Château Doisy-Daëne) · 0,1 l Edelzwicker · 0,1 l Sahne

Garnitur
2 Stangen junger Lauch · 3 kleine Karotten · 8 Frühlingszwiebeln · Kerbel, gezupft

Die Krebse in einem großen Topf in reichlich sprudelnd kochendem Salzwasser 3—4 Minuten garen.
Die Schwänze und Scheren ausbrechen und die Därme entfernen. Die Krebsnasen gut auswaschen und in einem Topf (ca. 20 cm Ø) mit 200 g Butter und 0,2 l Fischfond ca. 10 Minuten köcheln lassen.

Sellerie, Lauch und Karotte waschen, putzen und grob würfeln. Tomate enthäuten, entkernen und ebenfalls würfeln.

Schalotten schälen und halbieren, die ungeschälte Knoblauchzehe ganz leicht andrücken. Alles zu den Krebsnasen geben und nochmals ca. 10 Minuten leise kochen. Sollte sich die Butter in dieser Zeit oben als klare Schicht absetzen, geben Sie 2—3 EL kaltes Wasser dazu. Nun mit den drei verschiedenen Weinen ablöschen, kurz aufkochen und mit dem verbliebenen 0,5 l Fischfond auffüllen. Um ein Drittel reduzieren, abpassieren, die restlichen 80 g Butter und die Sahne hinzufügen, alles im Mixer aufschlagen.

Die äußeren Häute des Lauchs entfernen und das Weiße in schräge Scheiben schneiden. Die Karotten in ellipsenförmige Stücke von 3 cm Länge tournieren. Die Frühlingszwiebeln putzen und das Grüne abschneiden.
Jedes Gemüse für sich in etwas Salzwasser garen.

Fertigstellung:

Die Krebse in die Sauce geben, in tiefen, vorgewärmten Tellern anrichten und die Gemüse darüber verteilen. Zum Schluß abgezupfte Kerbelblättchen darüberstreuen.

Ragout von Krebsen, Erbsen und Spargel auf Krebssauce

Verwenden Sie für dieses Gericht die kleinen dunklen hiesigen oder französischen Krebse — sie haben mehr Aroma als die hellen aus der Türkei.

Krebse

20 Flußkrebse, lebend · Salz

Sauce

20 g Staudensellerie · 20 g Lauch · 1 Tomate · 200 g Butter · 0,7 l Fischfond · 1 Knoblauchzehe · Salz · 2 Schalotten · 2 cl Cognac · 6 cl Portwein, süß · 3 cl Weißwein, trocken · 2 cl Noilly Prat · 1 EL Tomatenmark · 500 g Sahne

Gemüse

600 g Stangenspargel · Salz · Zitronensaft · Zucker · Weißbrot · 200 g frische Gartenerbsen · 12 junge Karotten

Die Krebse in sprudelnd kochendem Salzwasser 3—4 Minuten garen. Dann die Schwänze und Scheren ausbrechen, die Därme entfernen; die Nasen gut auswaschen und für die Sauce zur Seite stellen.

Sellerie und Lauch waschen und grob würfeln. Tomate enthäuten, entkernen und ebenfalls würfeln. Die Butter mit 0,2 l Fischfond verkochen und im Mixer aufschlagen. In den Topf zurückgeben, die Krebsnasen mit der Knoblauchzehe zugeben, leicht salzen und ca. 10 Minuten köcheln lassen. Alle Gemüse und die geschälten, halbierten Schalotten zugeben, nochmals ca. 10 Minuten leicht kochen. Mit Cognac, Portwein, Weißwein und Noilly Prat ablöschen, Toma-

tenmark zugeben, kurz durchkochen und mit dem restlichen Fischfond auffüllen.

Auf ein Viertel der gesamten Flüssigkeit reduzieren, die Sahne zugeben und weitere 20 Minuten leise köcheln. Abpassieren und im Mixer aufschlagen.

Den Spargel schälen, dabei die holzigen Endstücke entfernen, die Spargelstangen in etwa 4 cm lange Stücke schneiden, dann in sprudelndem Salzwasser zusammen mit Zitronensaft, Zucker und einem Stück Weißbrot garen.

Die Erbsen aus der Schale lösen, die Karotten schälen und beides separat in etwas Salzwasser garen.

Fertigstellung:

Die Krebsschwänze in der Sauce erwärmen, mit dieser in tiefen Tellern anrichten und die gegarten Gemüse darüber verteilen. Nach Belieben mit Kerbel garnieren.

Krebse auf Kohlrabigemüse, überbacken

Schmeckt besonders gut mit den ersten zarten Kohlrabi des frühen Sommers, die noch keine holzigen Fäden an der Unterseite haben.

Krebse

16—20 Krebse, lebend · Salz

Kohlrabi

*4 junge Kohlrabi · ¼ l Fond blanc · 20 g Butter ·
Salz · 0,1 l Crème double · 4 EL Schlagsahne*

Die Krebse in kochendes Salzwasser geben und darin 3—4 Minuten garen. Dann die Scheren und Schwänze ausbrechen und die Därme entfernen.

Die Kohlrabi schälen und in ca. 3 mm dünne Scheiben schneiden. In Fond blanc mit der Butter weich dünsten und salzen. Die Kohlrabischeiben herausnehmen und den Sud auf ein Minimum reduzieren. Die Crème double zugeben, kurz kochen lassen, die Sauce im Mixer aufschlagen.

Fertigstellung:

Die Schlagsahne unter die Sauce ziehen und die Krebse mit den Kohlrabischeiben damit vermischen. Auf tiefe feuerfeste Teller verteilen und bei hoher Temperatur im Ofen oder Grill kurz gratinieren, bis sich goldbraune Tupfen gebildet haben.

Hummer
auf hausgemachten Nudeln
mit Basilikum

Hausgemachte frische Nudeln schmecken wunderbar. Nehmen Sie dafür normales Weizenmehl, Type 405, das Sie mit etwas Hartweizengrieß vermischen. Dadurch bekommen die Nudeln einen angenehmen Biß.

Nudeln
*250 g Mehl · 50 g Hartweizengrieß, grob · 3 Eier ·
20 g Olivenöl · 10 g Salz*

Sauce
*0,1 l Weißwein · 2 cl Noilly Prat · $\frac{1}{2}$ Schalotte ·
$\frac{1}{2}$ l kräftiger Fischfond · 300 g Butter ·
10 kleine Basilikumblätter · Salz · Pfeffer ·
Zitronensaft*

Hummer
*1 Karotte · 1 Stück Lauch · 1 Stück Stauden-
sellerie · 1 Knoblauchzehe · Salz ·
2 Hummer à 600 g*

Garnitur
frische Basilikumblätter

Die gesamten Teigzutaten miteinander vermengen und so lange kneten, bis der Teig ganz glatt ist. Abdecken und 1 Stunde ruhen lassen. Anschließend den Teig dünn ausrollen und in feine Streifen schneiden. Nochmals 30 Minuten antrocknen lassen.

Weißwein und Noilly Prat mit der feingeschnittenen, gewaschenen Schalotte ankochen, mit dem Fischfond auffüllen. Auf die Hälfte reduzieren. Die Butter darin verkochen und die Sauce im Mixer aufschlagen. Die Basilikumblätter zur

Sauce geben und gut durchziehen lassen. Mit Salz, Pfeffer und Zitronensaft abschmecken und abpassieren.

In einem hohen Topf reichlich Wasser mit den übrigen Zutaten für die Hummer zum Kochen bringen. Die Hummer einlegen und ca. 6—8 Minuten kochen. Danach noch etwa 6 Minuten am Herdrand ziehen lassen. Geben Sie nun 1 l kaltes Wasser zu und lassen Sie die Hummer noch weitere 15 Minuten im lauwarmen Sud ruhen. In dieser Zeit entspannt sich das Muskelfleisch und wird dadurch zarter. Die Schwänze und Scheren ausbrechen und die Därme entfernen.

Fertigstellung:

Die Nudeln in kochendem Salzwasser ca. 1—2 Minuten garen, abgießen, gut abtropfen lassen und auf vorgewärmte Teller geben. Das Hummerfleisch in Medaillons schneiden und darauf anrichten. Mit frischen Basilikumblättern garnieren, mit der Sauce nappieren.

Bemerkung:

Die Hummerschalen nicht wegwerfen! Sie können sie zum Beispiel für eine Hummer-Mousse (s. S. 47) verwenden.

Hummer-Medaillons in Safransauce mit Tomaten und Broccoliröschen

Die besten Hummer kommen von den Küsten des europäischen Nordatlantiks. Sie sind klein, ihre Panzer fast schwarz mit bläulich schimmernden Flecken, und ihr Fleisch ist kernig und fest.

Hummer

1 Stück Lauch · 1 Stück Karotte · 1 Stück Staudensellerie · 1 TL Kümmel · 10 Pfefferkörner · 4 kleine Hummer à 300—400 g

Safransauce

175 g Butter · 2 Zwiebeln · 1 Stück Lauch · 1 Stück Karotte · 1 Stück Staudensellerie · ¼ Fenchelknolle · 125 mg Safranfäden · 0,15 l Weißwein · 4 cl Noilly Prat · 1 l Fischfond · 1 TL Zitronensaft · Salz · Pfeffer · ½ l Crème double · 1 Spritzer Ricard oder Pernod

Garnitur

5 Tomaten · 20 g Butter · 150 g Broccoliröschen · Salz

In einem hohen Topf ca. 5 l Wasser mit den übrigen Zutaten zum Kochen bringen, die Hummer einlegen und etwa 6—8 Minuten leicht kochen. Danach noch ca. 6 Minuten am Herdrand ziehen lassen. Gießen Sie ca. 1 l kaltes Wasser dazu und lassen Sie die Hummer noch weitere 15 Minuten in dem lauwarmen Sud ruhen. In dieser Zeit entspannt sich das Muskelfleisch und wird dadurch zarter.

50 g Butter in einer Kasserolle erhitzen und die kleingeschnittenen Gemüse darin anschwitzen, ohne diese Farbe nehmen zu lassen. Die Safranfäden beigeben, mit Weiß-

wein und Noilly Prat ablöschen. Mit Fischfond auffüllen und auf die Hälfte reduzieren.
Während des Kochens hin und wieder abschäumen. Salzen und mit Zitronensaft abschmecken. Die restliche kalte Butter und die Crème double zugeben und weitere 10 Minuten köcheln lassen. Abpassieren und im Mixer aufschlagen. Nochmals mit Salz, Pfeffer, Zitronensaft und Ricard oder Pernod abschmecken.

Die Tomaten enthäuten, entkernen und in Würfel schneiden. Mit der erhitzten Butter in einer Kasserolle gut verkochen und salzen. Die Broccoliröschen in Salzwasser nur knapp gar kochen.

Fertigstellung:

Schwänze und Scheren der Hummer ausbrechen und die Schwänze in Medaillons von ca. 1 cm schneiden.
2—3 EL Sauce auf vorgewärmte Teller geben, die Medaillons darauf anrichten und mit der restlichen Sauce nappieren. Mit den geschmolzenen Tomaten und den Broccoliröschen garnieren.

Bemerkung:

Die Hummerschalen können gut für die Hummer-Mousse auf Seite 47 verwendet werden.

Muscheln mit Lychees
in Currysauce

Frische Lychees gibt es in guten Gemüse- oder Feinkostge-
schäften. Ihr perlweißes, milchig-durchscheinendes Fleisch
sitzt um einen glänzenden braunen Kern und hat eine matt-
rote dünne, aber feste Schale. Das intensive Parfum der
Frucht gibt diesem Gericht etwas Besonderes.

Muscheln

48 Miesmuscheln, frisch

Sud

*¼ l Riesling · 0,1 l Wasser · 1 Schalotte ·
1 Knoblauchzehe, ungeschält · 1 kleiner Zweig
Thymian*

Sauce

*4 cl Weißwein, trocken · 2 cl Noilly Prat ·
1 Schalotte · ½ TL Curry · 5 cl Muschelsud ·
Salz · Zitronensaft · 1 EL geschlagene Sahne*

Lychees

12 frische Lychees (notfalls aus dem Glas)

Garnitur

1 rote Paprikaschote · Butter · Salz

Die Muscheln unter fließendem Wasser gründlich bürsten
und die Bartfäden entfernen.

In einem Topf (ca. 25 cm Ø) die Sudzutaten zum Kochen
bringen, die Muscheln zugeben und zugedeckt 3—5 Minuten kräftig kochen. Den Sud abpassieren und zur Zubereitung der Sauce beiseite stellen. Das Muschelfleisch auslösen, dabei nur die geöffneten Muscheln verwenden. Ge-
schlossene Muscheln sind nicht genießbar.

Weißwein und Noilly Prat mit der feingeschnittenen, gewaschenen Schalotte und dem Curry ankochen. Mit dem Muschelsud aufgießen. Auf die Hälfte reduzieren und die Crème double zugeben. Weitere 5—10 Minuten einkochen, abpassieren und im Mixer aufschlagen. Mit Zitronensaft und Salz abschmecken.

Die Früchte schälen und entkernen.

Die Paprikaschote entkernen und enthäuten, indem man die Schote auf einem Stück Alufolie in den auf 200°C erhitzten Ofen legt, bis die Haut Blasen wirft. In Eiswasser tauchen, dann läßt sich die dünne Haut leicht abziehen. Das Paprikafleisch in feine Streifen schneiden und in Butter nicht zu weich dünsten. Mit wenig Salz abschmecken.

Fertigstellung:

Muscheln und Lychees in der Sauce kurz erwärmen, die geschlagene Sahne unterziehen und auf vorgewärmten, tiefen Tellern anrichten. Mit den Paprikastreifen garnieren.

Bemerkung:

Als Beilage empfehle ich Basmati-Reis, einen besonders aromatischen Reis, der als der beste der Welt gilt. Die besonders schlanke Langkornsorte wird in Pakistan und in Bangladesh angebaut. Bei uns ist sie fast nur in guten China-Läden zu finden.

Jakobsmuscheln
in Orangen-Basilikum-Butter

Wenn Sie — was meist der Fall sein wird — auf gefrorene Jakobsmuscheln zurückgreifen müssen, kaufen Sie nur beste
Qualität: weißes, festes Muschelfleisch, mindestens fünf-
markstückgroß, das mit dem orangeroten Corail verpackt
ist. Lassen Sie die Muscheln langsam, am besten über Nacht
im Kühlschrank, auftauen, damit sie dabei nicht zuviel Saft
verlieren.

Jakobsmuscheln
12—16 ganze mittelgroße Jakobsmuscheln ·
30 g Butter · Salz

Orangen-Basilikum-Butter

1 Orange · 6 cl Weißwein · 2 cl Noilly Prat ·
0,4 l Fischfond oder Brühe · 200 g Butter ·
Zitronensaft · Salz · 8 kleine Basilikumblätter ·
10 grüne Pfefferkörner

Die Menge der Jakobsmuscheln richtet sich danach, ob die
Muscheln als Zwischengericht oder als Hauptgang serviert
werden.
Sollten Sie die Jakobsmuscheln in der Schale kaufen, müs-
sen sie aufgebrochen, gesäubert und Muschelfleisch sowie
Corail 1 Stunde gewässert werden.
Das Muschelfleisch dann herausnehmen, auf einem Tuch
trockentupfen und in 2 cm dicke Scheiben schneiden. Nor-
malerweise erhalten Sie jedoch die Muscheln bei Ihrem
Fischhändler bereits so vorbereitet.

Die Orange wie einen Apfel mit dem Messer schälen, so daß
nichts von der weißen Haut zurückbleibt. Dann die einzelnen Filets zwischen den Häutchen herausschneiden. Weißwein und Noilly Prat aufkochen und mit Fischfond oder Brühe aufgießen. Auf ein Drittel reduzieren.

Die Butter zugeben, verkochen lassen und im Mixer aufschlagen. Mit Salz und Zitronensaft abschmecken. Basilikumblätter, Orangenfilets und Pfefferkörner zugeben, die Orangenfilets in der Sauce etwas zerkleinern. Gut durchziehen lassen, damit die Sauce den Geschmack der Aromaten annimmt.

Fertigstellung:

Eine Sauteuse (möglichst aus Kupfer) schwach erhitzen und 30 g Butter darin schmelzen.
Die Jakobsmuscheln salzen und in der Butter kurz auf beiden Seiten garen, ohne sie Farbe nehmen zu lassen. Auf einem Tuch das Fett abtupfen. Auf vorgewärmten Tellern anrichten und mit der Sauce nappieren.

Langustinenschwänze
auf Wirsingblättern
mit Rotweinbutter

Ein Gericht, das mehr Eindruck als Arbeit macht.
Die beiden Saucen können Sie bereits vorher fertigstellen,
dann haben Sie vor dem Anrichten nur noch wenige Hand-
griffe zu tun.

Rotweinbutter

½ l Rotwein · ⅛ l Portwein, rot · 4 Schalotten ·
150 g Butter · Salz

Fischrahmsauce

5 cl Weißwein · 1 cl Noilly Prat · 1 Schalotte ·
¼ l Fischfond · ⅛ l Crème double ·
20 g Butter · Salz

Wirsingblätter

8 Wirsingblätter, gelbe · ⅛ l Sahne · Salz ·
Muskatnuß · Pfeffer

Langustinen

20 Langustinen · Salz

Rotwein und Portwein mit den feingeschnittenen und gewaschenen Schalotten auf ein Minimum reduzieren. Für
5 Minuten beiseite stellen. Wieder auf dem Herd diese si-
rupartige Reduktion mit einem Spritzer Rotwein lösen.
Nach und nach die Butter einrühren und mit Salz abschmekken. Sollte die Rotweinbutter zu säuerlich schmecken, fügen Sie etwas reduzierten Portwein hinzu.

Weißwein, Noilly Prat und die feingeschnittene, gewaschene Schalotte ankochen und mit Fischfond auffüllen. Auf ein
Viertel reduzieren, die Crème double und die Butter zugeben, nochmals ca. 10 Minuten köcheln lassen. Die Sauce ab-

passieren und im Mixer kräftig aufschlagen. Mit Salz abschmecken.

Die Wirsingblätter ohne Strunk in 2×2 cm große Stücke schneiden und in leicht gesalzenem Wasser kurz garen. Abgießen, auf einem Teller trockentupfen und in der Sahne erhitzen. Mit Salz, Pfeffer und Muskat würzen.

Die Langustinenschwänze ausbrechen, die Därme entfernen, die Langustinen leicht waschen. In Salzwasser unterhalb des Siedepunktes ca. 3—5 Minuten ziehen lassen.

Fertigstellung:

Den Wirsing in der Mitte der vorgewärmten Teller anrichten, die gegarten Langustinen daraufsetzen und, wie auf dem Foto abgebildet, mit den beiden Saucen nappieren.

Langustinen in Karotten-Nage mit Kapuzinerkresse

Eine Nage ist in der Küchensprache ein klarer Gemüsesud, in dem Krusten- oder Schaltiere gegart oder auch nur serviert werden. In diesem Rezept wird die Nage jedoch mit Butter gebunden. Die Kapuzinerblüten sind nicht nur optisch attraktiv, sondern schmecken auch köstlich und intensiv.

Langustinen
16 Langustinen · Salz

Karotten-Nage
200 g große Karotten · Salz · 200 g Butter ·
5 cl Weißwein, trocken · 2 cl Noilly Prat ·
1 Schalotte · 0,8 l Fischfond · Pfeffer

Garnitur
Blüten und Blätter von Kapuzinerkresse

Langustinenschwänze ausbrechen und die Därme entfernen. Die Scheren in Salzwasser 6—8 Minuten kochen und ausbrechen.

Aus den Karotten erbsengroße Kugeln ausstechen oder eine Karotte in feine Würfel schneiden; in etwas Salzwasser blanchieren und beiseite stellen. Aus den grob zerschnittenen Karottenresten mit ca. 2 EL Butter und 0,4 l Wasser einen Sud kochen und abpassieren.

Weißwein, Noilly Prat und die feingeschnittene, gewaschene Schalotte ankochen und mit dem Fischfond auffüllen. Auf die Hälfte reduzieren, den Karottensud und die restliche Butter zugeben und nochmals kurz aufkochen. Die Sauce abpassieren und im Mixer aufschlagen. Mit Salz und Pfeffer abschmecken.

Fertigstellung:

Die Langustinen in leicht siedendem Wasser ca. 3 Minuten garen und auf einem Tuch abtropfen lassen. Mit den Scheren, den Karottenkugeln, den gewaschenen Kapuzinerblüten und -blättern in die Sauce geben.
Auf tiefen, vorgewärmten Tellern anrichten und servieren.

Bemerkung:

Langustinen sollten Sie nur kaufen, wenn sie hundertprozentig frisch sind. Die Frische erkennt man so: Wenn Sie den Schwanz vom Körper trennen, spritzt Meerwasser heraus.

Fleisch und Innereien

Grenadin vom Kalb mit Roquefort-Sauce

Unter der Bezeichnung Grenadin versteht man in der klassischen Küche gleichmäßig geschnittene runde Fleischscheiben. Früher wurden sie sogar gespickt.

Roquefort-Sauce

0,1 l Weißwein · 3 cl Noilly Prat · 1 Schalotte ·
½ l Fond blanc · ¼ l Crème double · 40 g Butter ·
40 g Roquefort (nicht zu alt) · Salz ·
Pfeffer · Zitronensaft

Garnitur

30 g Lauch · 30 g Karotten · 30 g Staudensellerie · Salz · 1 EL Schnittlauch

Kalbsfilet

600 g Kalbsfilet · Salz · Mehl · Olivenöl zum
Anbraten · 30 g Butter

Weißwein und Noilly Prat mit der feingeschnittenen, gewaschenen Schalotte ankochen, mit Fond blanc auffüllen und auf ein Viertel reduzieren. Crème double zugeben, ca. 10 Minuten köcheln lassen und abpassieren. Wieder auf den Herd zurückstellen, die Butter zugeben und verkochen lassen. Den Roquefort durch ein feines Sieb streichen und ebenfalls einrühren. Mit Salz, Pfeffer, Zitronensaft abschmecken und im Mixer aufschlagen.

Die Gemüse in feine Julienne schneiden und jede Sorte für sich in etwas Salzwasser garen, abgießen und auf einem Tuch abtropfen lassen.

Das Kalbsfilet in 2 cm dicke Scheiben schneiden. Etwas flach klopfen, salzen und leicht mehlieren. In einer Eisenpfanne das Olivenöl nicht zu stark erhitzen, die Medaillons auf beiden Seiten kurz anbraten, ohne sie Farbe nehmen zu lassen. Das Öl abgießen, die Butter beigeben und die Filets bei milder Hitze 2 Minuten garen, so daß sie durchgebraten, jedoch noch saftig sind.

Fertigstellung:

Etwas Sauce auf vorgewärmte Teller geben, die Filetscheiben auf einem Tuch trockentupfen und pfeffern. Auf dem Saucenspiegel anrichten.
Der übrigen Sauce die Gemüse-Julienne beigeben und die Kalbsfilets damit nappieren.
Den feingeschnittenen Schnittlauch darüberstreuen.

Bemerkung:

Ich empfehle als Beilage dazu hausgemachte Nudeln und pochierte Birnenscheiben.

Kalbsröllchen
mit Nieren gefüllt
auf Schnittlauchsauce

Ganz frische Nieren erkennen Sie daran, daß das sie umschließende Häutchen noch feucht glänzt, daß nichts angetrocknet ist.

Füllung

1 kleine Kalbsniere · 6 Egerlinge · 20 g Butter ·
3 Schalotten · 1 EL Petersilie · 2 EL Semmel-
brösel, frisch · 1 Eigelb · Salz · Pfeffer

Kalbsröllchen

8 dünne Kalbsschnitzel à ca. 60 g · 20 g Butter ·
Salz

Schnittlauchsauce

2 EL Weißwein · 1 Schalotte · 0,4 l Fond blanc ·
150 g Butter · 1 EL Schnittlauch · Salz · Pfeffer

Die Niere von Fett und Harnsträngen sorgfältig säubern und in kleine, dünne Scheibchen schneiden. Egerlinge fein würfeln. Die Butter in einer Kasserolle erhitzen und die Nieren darin kurz ansautieren. Leicht würzen und aus der Butter nehmen. In diesem Topf die feingeschnittenen, gewaschenen Schalotten und die Egerlinge anschwitzen. Auf einem Sieb abtropfen lassen. Die Nieren mit den Pilzen, der feingeschnittenen Petersilie, den frisch geriebenen Semmelbröseln und dem Eigelb vermischen, mit Salz und Pfeffer abschmecken.

Die dünn geklopften Schnitzel salzen und mit der gut durchgemischten Nierenmasse bestreichen. Einrollen und mit Zahnstochern schließen.

Den Weißwein mit der gewaschenen, feingeschnittenen Schalotte ankochen, mit dem Fond blanc aufgießen und auf die Hälfte reduzieren. Die Butter in dieser Reduktion verkochen, abpassieren und im Mixer aufschlagen. Den feingeschnittenen Schnittlauch beigeben, mit Salz und Pfeffer abschmecken.

Die Sauce sollte beim Abschmecken etwas kräftig erscheinen, da sie sonst mit dem Fleisch zusammen zu fade schmekken würde.

Fertigstellung:

Die Kalbsröllchen in heißer Butter kurz auf allen Seiten anbraten, anschließend im vorgeheizten Ofen bei 240°C 5 Minuten weitergaren. Bei geöffneter Ofentür weitere 5 Minuten ruhen lassen.

Die Sauce, wenn nötig, nochmals erhitzen, jedoch nicht bis zum Kochen. Die Kalbsröllchen auf Tellern anrichten und mit der Sauce nappieren.

Kalbsbries
auf hausgemachten Nudeln
mit Basilikum

Was für alle Innereien gilt, ist beim Bries besonders wichtig: nur ganz frisches weißes, aus großen Nüssen bestehendes Bries verwenden — am Schlachttag kaufen!

Nudeln

250 g Mehl · 50 g Hartweizengrieß, grob ·
3 Eier · 20 g Olivenöl · 10 g Salz

Kalbsbries

500 g Kalbsbries · Butter zum Braten ·
Salz · Pfeffer

Sauce

0,1 l Weißwein · 2 cl Noilly Prat · ½ Schalotte ·
½ l kräftiger Geflügelfond oder Fond blanc ·
300 g Butter · 10 kleine Basilikumblätter · Salz ·
Pfeffer · Zitronensaft

Die gesamten Teigzutaten miteinander vermengen und so lange kneten, bis der Teig ganz glatt ist. Abdecken und 1 Stunde ruhen lassen. Anschließend den Teig dünn ausrollen und in feine Streifen schneiden. 30 Minuten antrocknen lassen.

Das Kalbsbries 30 Minuten wässern, mit einem kleinen, scharfen Messer enthäuten und in Scheiben schneiden.

Weißwein und Noilly Prat mit der feingeschnittenen und gewaschenen ½ Schalotte ankochen, mit Geflügelfond auffüllen und auf ein Drittel reduzieren. Die Butter zugeben, verkochen lassen und die Sauce im Mixer aufschlagen. Die Basilikumblätter zur Sauce geben und darin ziehen lassen. Mit Salz, Pfeffer und Zitronensaft abschmecken.

Fertigstellung:

Die Nudeln in kochendem Salzwasser 2 Minuten garen, abgießen. Das Kalbsbries in Butter anbraten. Für 3—4 Minuten in den vorgeheizten Ofen schieben, salzen, pfeffern und
auf einem Tuch abtropfen lassen. Die Nudeln auf Tellern
anrichten. Das gebratene Kalbsbries einsetzen und mit der
Sauce nappieren.

Kalbshirn
in Schnittlauchsauce

Das Säubern des Hirns macht ein wenig Mühe — gehen Sie
dabei unbedingt exakt und sorgfältig vor.

Hirn

*600 g Kalbshirn · 1 Lorbeerblatt ·
0,1 l Weißwein · 1 kleine Zwiebel · 1 Stück
Staudensellerie · 1 Stück Lauch · 1 Karotte ·
5 Pfefferkörner · 1 l Wasser · Salz*

Sauce

*2 EL Weißwein · 1 Schalotte · 0,4 l Consommé ·
150 g Butter · 1—2 EL Schnittlauch · Salz ·
Pfeffer · Weißwein zum Abschmecken*

Das Hirn in lauwarmem Wasser etwa 1 Stunde wässern, unter fließendem Wasser die Haut abziehen und das Blut sorgfältig abwaschen.
In einem hohen Topf das Wasser mit den übrigen Zutaten
zum Kochen bringen, die Hitze reduzieren und das Kalbshirn einlegen.
Ca. 8—10 Minuten köcheln lassen.

Den Weißwein mit der feingeschnittenen, gewaschenen
Schalotte ankochen, mit Consommé auffüllen und auf die

Hälfte reduzieren. Die Butter zugeben, verkochen lassen, die Sauce abpassieren und im Mixer aufschlagen.
Den feingeschnittenen Schnittlauch hinzufügen, mit Salz, Pfeffer und einem Spritzer Weißwein abschmecken.
Nach Belieben können Sie auch blanchierte Gemüse-Julienne beigeben.

Fertigstellung:

Das Hirn aus dem Sud nehmen, auf einem Tuch abtropfen lassen und auf vorgewärmten Tellern anrichten. Mit der Sauce nappieren.

Bemerkung:

Sollte die Consommé nicht sehr kräftig sein, müssen Sie etwas mehr davon nehmen und stärker reduzieren.
Ich empfehle als Beilage frische Artischockenböden, kurz in Zitronenwasser gegart und blättrig geschnitten. Am besten nehmen Sie die großen Artischocken, die im Spätsommer aus der Bretagne zu uns kommen.

Kalbsnieren
in Rotweinsauce
mit Petersilienpüree

Kalbsnieren sollten am Schlachttag verarbeitet und gegessen werden, sie entwickeln sonst rasch einen strengen Geschmack.

Rotweinsauce
300 g rote Zwiebeln · 60 g Butter ·
1 Prise Zucker · 1 Lorbeerblatt · 1 kleiner
Zweig Rosmarin · 1 kleiner Zweig Thymian ·
2 Knoblauchzehen · 10 g Pfefferkörner ·
¼ l Rotwein · ½ l brauner Kalbsfond ·
Salz · Pfeffer

Petersilienpüree
200 g krause Petersilie, gezupft ·
40 g Blattpetersilie, gezupft · 50 g Spinat, ohne
Stiele · 1 Schalotte · 50 g Butter · ½ l Crème
double · Salz · Pfeffer

Kalbsnieren
2 Kalbsnieren · Öl zum Anbraten · 20 g Butter ·
2 Schalotten · Salz · Pfeffer

In einem hohen Topf die geschälten und in grobe Würfel geschnittenen Zwiebeln mit 20 g Butter und 1 Prise Zucker leicht glacieren. Kräuter und Gewürze beigeben, mit Rotwein ablöschen. Bei schwacher Hitze langsam auf ein Minimum reduzieren.
Mit dem braunen Kalbsfond auffüllen und nochmals ca. 20 Minuten kochen lassen.
Abpassieren und die restliche Butter einschwenken. Mit Salz und Pfeffer würzen.

Petersilie und Spinat waschen, blanchieren und in Eiswasser abschrecken. Gut ausdrücken und hacken. Die feingeschnittene und gewaschene Schalotte in 20 g Butter andünsten, ohne sie Farbe nehmen zu lassen. Petersilie und Spinat zugeben, mit Crème double aufgießen, aufkochen und auf die Hälfte reduzieren. Alles im Mixer pürieren, mit Salz und Pfeffer abschmecken. Kurz vor dem Servieren die restlichen 30 g Butter zugeben und unter ständigem Rühren erhitzen.

Die Nieren in einzelne Nüßchen schneiden, dabei Fett und Harnstränge sorgfältig entfernen. In heißem Öl kurz ansautieren, auf einem Sieb das Fett abtropfen lassen. In derselben Pfanne die Butter erhitzen und die feingeschnittenen, gewaschenen Schalotten darin anschwitzen. Die Nieren nochmals in derselben Pfanne erhitzen, mit Salz und Pfeffer würzen.

Fertigstellung:
Das Petersilienpüree in der Mitte des Tellers anrichten, die Nieren kreisförmig um das Püree legen und mit der Sauce nappieren.

Lendenschnitten mit Mark auf Mangold

Fragen Sie Ihren Metzger nach Lendenschnitten vom Ochsen, sie haben ein besonders zartes und geschmackvolles Fleisch. Es ist von zarten Fettadern durchzogen, die dem Fleisch Saft und Kraft geben.

Lendenschnitten
4 Lendenschnitten · Olivenöl zum Braten ·
Salz · Pfeffer

Mark
4 Markknochen · Salz · Pfeffer ·
1 EL Schnittlauch

Mangold
1 kg Mangold, ungeputzt · 100 g Butter ·
½ l Fond blanc · Salz · Muskatnuß

Cherry-Tomaten
12 Cherry-Tomaten (Kirschtomaten) ·
Salz · 10 g Butter

Sauce
5 cl Rotwein · 1 cl Madeira · 0,2 l Kalbsfond,
braun · 10 g Butter · Salz · Pfeffer

Das Mark aus den Knochen lösen, 20 Minuten wässern und in Scheiben schneiden.

Vom Mangold die Blätter entfernen und einige junge zur Seite legen. Die Stiele schälen und in ca. 5 cm lange Stücke schneiden.
Die Butter in einer Sauteuse schmelzen und die Mangold-stücke darin anschwitzen. Den Fond blanc zugeben und das Gemüse darin weich dämpfen. Mit Salz und Muskat abschmecken.
Die Mangoldstücke mit einem Schaumlöffel herausnehmen. Die verbleibende Flüssigkeit auf ein Minimum reduzieren. Die jungen Mangoldblätter in feine Streifen schneiden, kurz blanchieren und mit den Gemüsestücken in der Sauce vermischen.

Die Tomaten enthäuten, salzen und in einer Sauteuse mit der Butter etwa 3—4 Minuten im vorgeheizten Ofen bei 200°C garen.

Rotwein und Madeira zusammen auf die Hälfte reduzieren, mit dem Kalbsfond auffüllen, nochmals auf ein Drittel einkochen und mit der Butter binden. Mit Salz und Pfeffer abschmecken.

Fertigstellung:

In heißem Olivenöl die Lendenschnitten rosa braten und würzen.

Die Markscheiben in kochendem Salzwasser blanchieren, herausnehmen, mit Salz, Pfeffer und Schnittlauch würzen.

Das Mangoldgemüse auf vorgewärmten Tellern anrichten, die Lendenschnitten daraufsetzen, mit den Cherry-Tomaten und den Markscheiben garnieren. Mit der Sauce beträufeln.

Gefüllter Ochsenschwanz

Denken Sie bitte daran, den Metzger rechtzeitig zu bitten, Ochsenschwänze unzerteilt für Sie aufzuheben. Sie müssen sie zu Hause behutsam durchtrennen, so daß keine Knochensplitter im Fleisch stecken bleiben.

Ochsenschwanz

2 Ochsenschwänze · Öl zum Anbraten ·
0,1 l Brühe

Marinade

300 g rote Zwiebeln · 150 g Staudensellerie ·
200 g Karotten · 2 Lorbeerblätter · 1 EL Pfeffer-
körner · 3 Thymianzweige · 3 Nelken ·
10 Petersilienstengel · 1 Knoblauchzehe, unge-
schält · 4 cl Olivenöl · 1,5 l Rotwein

Sauce

10 g getrocknete Steinpilze · 400 g Tomaten-
fleisch · 130 g Butter · 1 l brauner Kalbs-
fond (Jus) · Salz

Grießfüllung

*½ l Milch · 50 g Butter · Salz · Muskatnuß ·
100 g Grieß · 2 Eigelb · 2 EL Parmesan, gerieben*

Garnitur

*150 g Frühlingszwiebeln, geputzt · 150 g Blumen-
kohl, geputzt, in kleinen Röschen · 150 g junge
Karotten, geputzt · Salz*

Die Ochsenschwänze in die einzelnen Glieder teilen, indem
man sie zwischen den Wirbeln mit einem schweren, scharfen Messer durchschneidet. Nebeneinander in ein passendes Gefäß setzen und mit den Zutaten für die Marinade bedecken. (Die roten Zwiebeln, Staudensellerie und Karotten
vorher putzen und in grobe Würfel schneiden.) Mindestens
12 Stunden marinieren.

Das Fleisch aus der Marinade nehmen und mit einem Tuch
gut abtrocknen. Salzen. Die Marinadenflüssigkeit abpassieren und zur späteren Verwendung beiseite stellen. Das Gemüse gut abtropfen lassen.

Die Ochsenschwanzstücke in einer Pfanne mit etwas Öl anbraten, anschließend in einen großen Topf (mindestens
35 cm Ø) oder einen Bräter setzen. Das Marinadengemüse
ebenfalls anbraten und mit den Steinpilzen darüber verteilen. Das gewürfelte Tomatenfleisch in 30 g Butter ansautieren und ebenfalls zugeben. Mit dem Kalbsfond und der Marinadenflüssigkeit aufgießen und zugedeckt bei 200°C im
vorgeheizten Ofen garen.

Wenn das Fleisch so weich ist, daß es sich leicht vom Knochen löst (nach etwa 2 Stunden), herausnehmen und abkühlen lassen. Den Garsud abpassieren und in einem anderen Topf auf ca. ½ l Flüssigkeit einkochen. Mit der restlichen Butter binden und mit Salz abschmecken.

Mit einem spitzen Messer die Knochen auslösen, ohne den
äußeren Rand des Fleisches zu durchtrennen. Die Fleisch-
teile nebeneinander in eine große, flache Kasserolle setzen.

Die Milch mit Butter, Salz und Muskat zum Kochen bringen. Den Grieß langsam einstreuen. Unter ständigem Rühren gut ausquellen lassen. Vom Herd nehmen und das Eigelb mit dem Käse einrühren. Die Fleischringe in der Kasserolle mittels eines Spritzbeutels ohne Tülle mit dem Grieß füllen.

Die Gemüse für die Garnitur, jeweils für sich, in wenig Salzwasser garen, abgießen und über das Fleisch verteilen.

Fertigstellung:
Die Brühe zu den Fleischstücken in die Kasserolle geben und diese zugedeckt für etwa 10 Minuten in den auf 200°C vorgeheizten Ofen schieben, um die gefüllten Ochsenschwänze mit den Gemüsen zu erhitzen.
Anschließend auf vorgewärmten Tellern anrichten und mit der heißen Sauce übergießen.

Rinderfilet
auf Schalottenbutter

Tief dunkelrot sollte das Rinderfilet aussehen, dann ist es schön abgehangen. Wenn es dann noch hauchzart von weißen Fettadern durchzogen ist, also marmoriert, dann haben Sie gute Steaks bekommen.

Sauce

*2 cl Weißwein · 0,4 l Consommé · 170 g Butter ·
8 Schalotten · 1 EL Schnittlauch · Salz · Pfeffer*

Rinderfilet

*8 Scheiben Rinderfilet à 60 g · Salz · Olivenöl
zum Braten · 30 g Butter · Pfeffer · 8 Scheiben
Rindermark, in Würfel geschnitten*

Den Weißwein kurz ankochen, mit Consommé aufgießen und auf ein Viertel reduzieren. Die Butter darin verkochen und im Mixer aufschlagen.
Schalotten schälen, in feine Würfel schneiden und waschen. Dann in frischem Wasser ca. 3 Minuten dünsten. Das Waschen und separate Dünsten ist notwendig, damit der Schalottengeschmack nicht zu aufdringlich vorherrscht. Die Schalotten abpassieren und auf einem Tuch abtrocknen. Anschließend mit dem feingeschnittenen Schnittlauch zur Sauce geben und mit Salz und Pfeffer abschmecken.

Das Öl in einer großen Pfanne stark erhitzen, die Filetscheiben salzen, jedoch nicht pfeffern und auf beiden Seiten rasch anbraten. Fett abgießen, die Butter zugeben und bei reduzierter Hitze rosa braten. Pfeffer aus der Mühle darüberstreuen.

Fertigstellung:

Mit der Schalottenbutter auf vorgewärmten Tellern einen Spiegel gießen und die Filetscheiben darauf anrichten. Das

in Würfel geschnittene Rindermark kurz in heißem Wasser blanchieren, würzen und auf das Filet geben.

Rinderfilet mit rotem und grünem Paprika

Die dicken, fleischigen Paprika aus Italien sind aromatischer als die Schoten aus holländischen Treibhäusern.

Rinderfilet
500 g Rinderfilet am Stück · Öl und Butter zum Braten · Salz · Pfeffer

Paprika
1 grüne Paprikaschote · 1 rote Paprikaschote · Öl zum Enthäuten · 20 g Butter

Sauce
0,1 l Weißwein · 2 Schalotten · 3 Champignons · 2 TL Paprikapulver, edelsüß · 1 Msp Tomatenmark · ½ l Fond blanc · ¼ l Crème double · 120 g Butter · 1 TL Estragon · 1 TL Kerbel · 1 TL Petersilie · 1 TL Schnittlauch · Cayennepfeffer · Salz · Pfeffer · 3 TL Zitronensaft · 2 EL geschlagene Sahne

Die Paprikaschoten enthäuten, indem man sie kurz in heißes Öl taucht und anschließend in kaltem Wasser abschreckt (siehe auch Seite 143).
Die Schoten entkernen, in Streifen schneiden und kurz in Butter ansautieren. Auf einem Sieb abtropfen lassen.

Den Weißwein mit den feingeschnittenen und gewaschenen Schalotten ankochen, die kleingeschnittenen Champignons, das Paprikapulver und das Tomatenmark zugeben.

Mit dem Fond blanc aufgießen und auf ein Fünftel reduzieren. Abpassieren und mit der Sahne auffüllen. Nochmals aufkochen, die Butter darin schmelzen lassen und kräftig im Mixer aufschlagen. Die Kräuter fein hacken und die Sauce damit verfeinern. Die ansautierten Paprikastreifen zugeben, mit den Gewürzen und dem Zitronensaft abschmecken.

Fertigstellung:

Das Rinderfilet in acht gleichmäßig große Scheiben schneiden, salzen und in sehr heißem Öl von beiden Seiten kurz anbraten. Das Öl abgießen, die Butter zugeben und die Filetscheiben rosa braten. Auf einem Tuch das überschüssige Fett abtupfen und pfeffern.

Die geschlagene Sahne unter die Sauce ziehen. Auf jedem Teller etwas Sauce verteilen und die Filetscheiben darauf anrichten.

Zickleinkeule, gebraten, auf Frühlingsgemüsen

Das Zicklein sollte nicht älter als 6—8 Wochen sein. Sie müssen es bei Ihrem Händler sicher vorbestellen, er wird es nicht vorrätig haben.

Zickleinkeule

*1 Zickleinkeule von ca. 1 kg · Salz · Pfeffer ·
Olivenöl zum Anbraten · Parüren von
der Keule · 1 Stück Staudensellerie · 1 Zwiebel ·
7 cl Weißwein · 0,2 l Kalbsfond, braun ·
5 Basilikumblätter · 40 g Butter*

Garnitur

*10 Frühlingszwiebeln · 10 junge Karotten ·
5 Petersilienwurzeln · Kapuzinerbart · kleine
weiße Rüben (Navets) · 100 g Butter · Salz*

Den Beckenknochen von der Keule trennen, die Keule selbst sorgfältig parieren. Die Parüren aufbewahren. Die Zickleinkeule würzen und mit etwas Öl in einem Bräter auf der Herdplatte auf allen Seiten anbraten. Die Parüren und den Beckenknochen beigeben und für ca. 20 Minuten bei 240°C im Ofen braten. Das geputzte und grobgewürfelte Gemüse zugeben und bei reduzierter Hitze weitere 25 Minuten im Ofen schmoren. Dabei ständig mit dem entstandenen Saft oder zusätzlich mit einem Teil des angegebenen Fonds begießen. Das Fleisch aus dem Bräter nehmen, diesen auf die Herdplatte stellen und Weißwein, Kalbsfond, Basilikum und Butter zugeben. Etwa 5 Minuten leicht kochen und dann abpassieren.

Die Gemüse putzen und jede Sorte für sich mit ca. 30 g Butter und wenig Salzwasser weich dämpfen.

Fertigstellung:
Die Keule auf einer Platte anrichten, die Gemüse darüber
verteilen und die Sauce getrennt dazu reichen.

Zickleinkeule
auf Steinpilz-Risotto

Die getrockneten Steinpilze, die Sie für den Risotto brauchen, mit nur so viel kochendem Wasser überbrühen, daß
sie gerade bedeckt sind, und 30 Minuten einweichen. Den
Sud dann durch ein Sieb filtern und zum Angießen des Risotto verwenden.

Zicklein

*1 kg Zickleinkeule, ausgelöst · Salz ·
3 Zwiebeln · 2 Karotten · 2 Stangen Staudensellerie · 1 Stange Lauch · 80 g Butter ·
2 Basilikumblätter · 10 Pfefferkörner · Öl zum
Braten · 5 cl Weißwein · 0,1 l Kalbsfond, braun*

Risotto

*1 Schalotte · Olivenöl · 200 g Risotto-Reis
(Vialone oder Avorio) · 10 g getrocknete Steinpilze · 5 cl Weißwein · ca. ½—1 l Consommé ·
140 g Butter · 80 g Parmesan · Salz, wenn
nötig · Weißwein*

Die ausgelösten Keulenteile von Haut und Sehnen befreien
und salzen. Gemüse putzen, in grobe Würfel schneiden. In
einer möglichst flachen Kupfersauteuse mit der Butter,
dem Basilikum und den Pfefferkörnern kurz anschwitzen.
In einer zweiten Pfanne Öl erhitzen und das Zickleinfleisch
auf allen Seiten anbraten. Herausnehmen und auf das Gemüse legen. Ca. 10 Minuten im vorgeheizten Ofen bei 240° C

garen. Mit Weißwein ablöschen, diesen verdampfen lassen, Kalbsfond zugeben und weitere 15 Minuten im Ofen dünsten.

In der Zwischenzeit die feingeschnittene und gewaschene Schalotte in wenig Öl anschwenken, den Reis und die eingeweichten Steinpilze (ohne Flüssigkeit) zugeben und ebenfalls anschwitzen. Mit Weißwein ablöschen.
Es ist unterschiedlich, wieviel Flüssigkeit der Reis aufnimmt. Deshalb gibt man die Brühe nach und nach unter ständigem Rühren zu und läßt den Reis darin leise kochend, ohne Deckel, ausquellen.
Wenn er gar ist und den größten Teil der Flüssigkeit aufgenommen hat, die Butter und den geriebenen Parmesan einrühren und, wenn nötig, mit Salz und einem Spritzer Weißwein abschmecken.
Der Risotto sollte nicht trocken wie andere Reisgerichte, sondern dickflüssig sein. Gegebenenfalls kann noch Brühe zugegossen werden.

Fertigstellung:

Das Zickleinfleisch aus dem Topf nehmen und die Sauce abpassieren.
Das Fleisch in Scheiben schneiden, mit dem Risotto auf vorgewärmten Tellern anrichten und mit etwas Sauce begießen.

Lammrücken
in Wirsingblättern

Ein ideales Essen für Gäste: Sie können alle zeitraubenden Arbeiten schon vorher erledigen und brauchen dann die fertigen Päckchen nur noch in den Ofen zu schieben.

Lammrücken

400 g Lammrücken, ausgelöst und pariert · Olivenöl zum Braten · 200 g Schweinenetz · Salz · Pfeffer · 1 Thymianzweig

Farce

50 g Lammfleisch · 50 g mageres Schweinefleisch · 80 g Crème double · Salz · Pfeffer · 100 g Egerlinge · 1 EL Butter

Wirsing

200 g Wirsingblätter · 20 g Butter · 1 cl Sahne · Salz · Pfeffer · Muskatnuß

Sauce

¼ l Lammfond, braun · 1 Knoblauchzehe, ungeschält · 1 Thymianzweig · 30 g Butter

Den Lammrücken in sehr heißem Öl auf allen Seiten kurz anbraten. Auf einem Gitter erkalten lassen.

Lamm- und Schweinefleisch für die Farce salzen und zusammen im Blitzhacker fein zerkleinern. Sobald eine Bindung entstanden ist, die Crème double einarbeiten und mit Salz und Pfeffer abschmecken.
Egerlinge putzen, waschen und fein würfeln. In der Butter ansautieren, ebenfalls würzen und auf einem Tuch trockentupfen. Die erkalteten Pilzwürfel zur Farce geben.

Die einzelnen Wirsingblätter in kochendem Salzwasser blanchieren. Die Strünke herausschneiden und die Blätter auf einem Tuch gut abtrocknen. In einem großen flachen Topf die Butter und die Sahne erhitzen, würzen und die Kohlblätter darin wenden, damit sie Geschmack bekommen. Erkalten lassen.

Lammfond mit der ungeschälten Knoblauchzehe und dem Thymianzweig auf die Hälfte reduzieren, abpassieren und mit der Butter binden.

Fertigstellung:

Das Schweinenetz in Vierecke von 15 × 20 cm schneiden, die Wirsingblätter darauf auslegen, so daß ringsum ein Rand von 1 cm bleibt. Mit der Farce dünn bestreichen. Die Lammstücke mit Salz, Pfeffer und etwas Thymian würzen und erst mit den Wirsingblättern, dann mit dem Schweinenetz umhüllen. Im vorgeheizten Ofen bei 240°C 10 Minuten braten, dann außerhalb des Ofens noch 4 Minuten ruhen lassen. Die Lammrückenstücke in ca. 1 cm dicke Scheiben schneiden und auf vorgewärmten Tellern anrichten. Mit der Sauce umgießen.

Pochierte Lammkeule
in Kapernsauce

Lassen Sie zum Pochieren die Fettschicht der Lammkeule daran und schneiden Sie sie erst nachher, vor dem Servieren, ab. Sie erhält das Fleisch saftig.

Lammkeule

*1 Lammkeule à 2 kg · 3 l Wasser · 1 Karotte ·
1 Zwiebel · 1 Stück Staudensellerie ·
1 Stück Lauch*

Sauce

*200 g Butter · 1/8 l Crème double · Salz · Pfeffer ·
2 EL Kapernessig · 1 TL Estragonessig ·
1 EL Kapern*

Die Lammkeule ca. 6—12 Stunden wässern, um eventuelle Blutreste zu entfernen. In einem Topf 3 l Wasser mit den gewaschenen, geputzten Gemüsen aufkochen und die Keule einlegen. Bei reduzierter Hitze ca. 1¼ Stunden leise kochen lassen. Anschließend 1 l Kochsud abpassieren und zur Saucenzubereitung verwenden.

Die Lammbrühe auf ein Drittel reduzieren, Butter und Crème double zugeben und nochmals ca. 5—10 Minuten leise köcheln. Salzen, pfeffern und beide Essigsorten zugeben. Die Sauce im Mixer kräftig aufschlagen. Die Kapern zugeben.

Fertigstellung:

Die Lammkeule vom Knochen weg in dünne Scheiben schneiden. Auf vorgewärmten Tellern anrichten und mit der Sauce nappieren.

Bemerkung:

Nach Ablauf der Kochzeit sollte die Keule noch 35 Minuten in der Brühe ruhen. Dadurch wird das Fleisch zarter.
Als Beilage zur Lammkeule empfehle ich Rösti oder Salzkartoffeln.

Pot-au-feu vom Lamm

Unter Pot-au-feu versteht man eigentlich einen deftigen Eintopf aus Fleisch und viel Gemüse in einer klaren Brühe. Hier ist das Prinzip etwas abgewandelt: Fleisch und Gemüse werden in einem mit Butter gebundenen Sud serviert.

Lamm
ca. 800 g Lammsattel, nicht ausgelöst

Sud/Sauce
Parüren und Knochen vom Lammsattel ·
1 Stück Staudensellerie · 1 Stück Lauch, nur das
Weiße · ½ Zwiebel · 50 g Butter · 1 l Wasser ·
10 Pfefferkörner · Salz · 120 g Butter ·
1 Knoblauchzehe

Gemüseeinlage
100 g gelbe Wirsingblätter · 100 g weiße
Zwiebeln · 100 g rote Zwiebeln · 80 g Rosenkohl ·
60 g Lauch, nur das Weiße · 1 EL Schnitt-
lauch · 1 EL Basilikum

Den Lammsattel auslösen, Fett und Sehnen sorgfältig entfernen (parieren). Knochen und Parüren für die Sauce klein hacken.

Die Knochen und Parüren mit den geputzten Sudgemüsen und 50 g Butter in einem Topf (ca. 30 cm Ø) kurz anschwitzen und mit Wasser aufgießen. Die Pfefferkörner zugeben, salzen und ca. 45 Minuten kochen. Abpassieren und auf die Hälfte reduzieren.

Den parierten Lammrücken in den Sud einlegen und ca. 10 Minuten köcheln, herausnehmen und auf einem Gitter 5 Minuten auskühlen lassen.

Die Wirsingblätter in ca. 3 × 3 cm große Quadrate schneiden. Die geschälten Zwiebeln vierteln und in die einzelnen Lagen zerlegen. Die Rosenkohlknospen entblättern und den Lauch in schräge Scheiben schneiden. Die Gemüse, jede Sorte für sich, in Salzwasser weich kochen.

Fertigstellung:

Das Lammfleisch nochmals 8—10 Minuten im Sud leicht ziehen lassen. Herausnehmen, den Sud durch ein Tuch passieren. 120 g Butter darin verkochen und mit dem Handrührgerät kurz durchschlagen. Knoblauch schälen, auf eine Gabel spießen und damit einmal durch die Sauce fahren.

Die kleingeschnittenen Kräuter und die Gemüse beifügen und abschmecken. Den Lammrücken in Scheiben schneiden. Auf vorgewärmte Teller etwas Sauce mit Gemüse geben. Die Lammscheiben darauf anrichten und mit der übrigen Buttersauce übergießen.

Lammkoteletts
in Blätterteig

Damit die Päckchen hübsch aussehen, sollten Sie die Koteletts sehr sauber parieren, also auch den Knochenstiel sorgfältig von Fett und Sehnen befreien und vollständig abkratzen.

Farce
100 g Egerlinge · 1 EL Butter · 100 g Kalbfleisch ·
80 g Sahne · Salz · Pfeffer

Lammkoteletts
4 Lammkoteletts à 80 g · Salz · Öl zum
Braten · Pfeffer · 2 Thymianzweige · 250 g Spinat,
möglichst große Blätter · 150 g Blätter-
teig (s. S. 286 oder tiefgefroren) · 1 Eigelb
zum Bestreichen

Sauce
0,35 l Lammjus · 1 Thymianzweig · 20 g Butter

Die Egerlinge waschen, putzen und in sehr kleine Würfel schneiden. In Butter ansautieren, bis der Saft verdunstet ist. Abkühlen lassen. Das gut gekühlte Kalbfleisch salzen und dreimal durch die feine Scheibe des Fleischwolfes drehen. Mit der Sahne verrühren, die kalten, kleingeschnittenen Egerlinge damit vermischen und die Farce mit Salz und Pfeffer abschmecken. Im Kühlschrank erkalten lassen. Die Farce sollte eine cremige Konsistenz haben.

Die Koteletts vollständig von Fett und Sehnen befreien. Salzen und in heißem Öl kurz auf beiden Seiten anbraten. Auf ein Gitter legen und auskühlen lassen. Mit Pfeffer und zerriebenem Thymian bestreuen, nach Geschmack noch etwas nachsalzen.

Die Koteletts im abgetropften Fleischsaft wenden, damit sich die Gewürze besonders gut verteilen.

Die gewaschenen Spinatblätter in Salzwasser blanchieren und abtropfen lassen. Je vier große Blätter (bei kleinen entsprechend mehr) auf einem Tuch aneinanderlegen, so daß ein Viereck entsteht. Ein zweites Tuch darüberlegen und kräftig andrücken, um die Blätter zu trocknen.

Die Spinatvierecke mit der Farce bestreichen und die vorbereiteten Lammkoteletts darauflegen. Mit dem Spinat so einschlagen, daß sich die Blätter nicht zu sehr überlappen. Die Koteletts sollten gleichmäßig umhüllt sein.

Den Blätterteig hauchdünn ausrollen und Vierecke von etwa 10 × 13 cm schneiden. Das Eigelb mit etwas Wasser verquirlen und die Ränder damit bestreichen. Die Lammkoteletts in die Blätterteig-Vierecke einschlagen. Dabei sollten die Teigränder nicht zu weit übereinanderliegen; überstehende Teigränder etwas beschneiden.

Die Blätterteigtaschen mit Eigelb bestreichen und vor dem Backen mindestens 30 Minuten ruhen lassen, weil sonst der Teig beim Backen reißen kann.

Lammjus mit dem Thymianzweig auf zwei Drittel einkochen. Thymian herausnehmen und die Sauce mit der Butter binden.

Fertigstellung:

Die Lammkoteletts im vorgeheizten Ofen bei 260°C ca. 8 Minuten backen. Außerhalb des Ofens noch 2 Minuten ruhen lassen. Mit dem Lammjus servieren.

Bemerkung:

Ich empfehle als Beilage Zwiebel-Confit (Rezept S. 237) und Tomaten, gefüllt mit Ratatouille (Rezept S. 238).

Glacierter Beinschinken mit Mango und Maisküchlein

Für eine große Tafelrunde von 15—20 Personen, denn einen Beinschinken kann man nur im ganzen kaufen. Bestellen Sie ihn rechtzeitig bei Ihrem Metzger, damit er ihn für Sie leicht räuchert und pökelt.

Schinken

6—8 kg Beinschinken mit Schwarte, leicht geräuchert und gepökelt · 15—20 Gewürznelken · 2 EL Honig · 2 EL Puderzucker

Sauce

0,6 l Madeira · 1 Schalotte · 6 cl Weißwein · 6 cl Rotwein · 1,5 l Kalbsjus · 240 g Butter · Salz

Maisküchlein

200 g Butter · 640 g frische Maiskörner (von ca. 8 Kolben) · 0,4 l Crème double · 100 g Mehl · 4 Eier · Salz · Muskatnuß

Mango

2—3 Mangofrüchte · 30 g Butter

Den Beinschinken 45—60 Minuten in heißem Wasser bei einer Temperatur von 90—95°C ziehen lassen. Herausnehmen und die Schwarte entfernen. Das Fett rautenförmig einritzen und die Kreuzungspunkte mit den Gewürznelken spicken. Die Oberfläche des Schinkens mit Honig bestreichen und mit Puderzucker bestäuben. Im vorgeheizten Ofen bei 200°C 35 Minuten glacieren. Sollte der Schinken dabei zu stark Farbe nehmen, kann man ihn gegen Ende der Bratzeit mit Alufolie abdecken.

Den Madeira mit der feingeschnittenen, gewaschenen Schalotte in einem flachen Topf kurz ankochen, Weißwein und Rotwein zugeben und auf ein Viertel der Flüssigkeit reduzieren. Mit dem Kalbsjus aufgießen und nochmals um die Hälfte einkochen. Den Topf auf die Seite ziehen und die nicht zu kalte Butter in kleinen Stücken einrühren. Mit Salz abschmecken.

Die Butter in einer Sauteuse bräunen und die Maiskörner darin ansautieren. Die Hälfte davon im Mixer mit der Crème double, dem Mehl, den Eiern sowie Salz und Muskat pürieren. Die Masse in eine Schüssel geben und die restlichen erkalteten Maiskörner untermischen. In einer beschichteten Pfanne ohne Fett kleine Küchlein backen. Das geht am besten, indem man die Pfanne mit den Küchlein vor dem Wenden kurz in den heißen Ofen schiebt, damit die Oberfläche der Masse anzieht. So lassen sich die Küchlein leicht umdrehen.

Die Mangos schälen und Spalten vom Kern schneiden. In heißer Butter auf beiden Seiten leicht bräunen.

Fertigstellung:

Den Schinken vom Knochen weg in Scheiben schneiden und diese abwechselnd mit den Mangospalten auf einer vorgewärmten Platte anrichten. Die Maisküchlein und die Sauce getrennt dazu servieren.

Kaninchenrücken
mit Morcheln

Je frischer die Morcheln sind, desto schwerer wiegen sie; sie trocknen sehr schnell aus und verlieren dadurch an Gewicht. Die Morcheln mit dem stärksten Aroma sind übrigens die gelben Wiesenmorcheln.

Morchelsauce

*200 g frische Morcheln (ohne Stiele) ·
1 Schalotte · 120 g Butter · Salz · 1 cl Sherry ·
0,2 l Fond blanc · 0,15 l Geflügelfond, braun*

Kaninchenrücken

*4 Kaninchenrücken (bzw. 8 Kaninchen-
rückenfilets) · Salz · 3 EL Olivenöl zum Anbraten*

Die Morcheln putzen, jedoch möglichst nicht waschen. Die Pilze mit der feingeschnittenen, gewaschenen Schalotte und 60 g Butter in einer Sauteuse für 8—10 Minuten in den auf 220°C vorgeheizten Ofen schieben, leicht salzen. Anschließend die Morcheln mit einem Schaumlöffel herausnehmen. Sherry, Fond blanc und brauen Geflügelfond zu dem enstandenen Sud gießen.
Die Flüssigkeit auf dem Herd auf die Hälfte einkochen, abpassieren und mit den restlichen 60 g Butter binden. Die Morcheln wieder zur Sauce geben und darin noch etwas ziehen lassen.

Die Rückenfilets auslösen und sorgfältig parieren. Mit Salz würzen und in einer großen Pfanne im heißen Öl nicht zu scharf anbraten. Anschließend 3—4 Minuten im vorgeheizten Ofen bei 220°C garen.

Fertigstellung:

Mit einem Tuch das überschüssige Fett von den Filets tupfen und je zwei auf vorgewärmten Tellern anrichten. Mit der Morchelsauce begießen.

Nach Belieben mit etwas Kerbel garnieren.

Geflügel

Poulardenkeule, gefüllt mit heller Leber, auf Mais

Die Keulen müssen für dieses Gericht so entbeint werden, daß sie rundum unverletzt bleiben: mit einem spitzen Messer das Fleisch rund um den Knochen vorsichtig lösen, bis man ihn herausziehen kann.

Helle Leber ist die Fettleber einer Poularde, also keine normale Geflügelleber.

Poulardenkeulen

*4 Poulardenkeulen (Bresse) · Salz ·
160 g helle Leber (von Mastpoularden) ·
Kardamom · Muskatblüte · Pfeffer · 2 Stangen
Staudensellerie · 2 Karotten · 3 Zwiebeln ·
80 g Butter · 1 Lorbeerblatt · 10 Pfefferkörner*

Mais

*60 g Butter · 300 g junge Maiskörner ·
Salz · Muskatnuß · 3 Tomaten, klein bis
mittelgroß*

Sauce

*4 cl Madeira · 4 cl Weißwein · 0,2 l Geflügelfond,
braun · 10 g Butter*

Die Keulen entbeinen, salzen und beiseite stellen. Die hellen Poulardenlebern von der Galle befreien, in große Würfel schneiden und mit Kardamom, Muskatblüte, Salz und

Pfeffer würzen. In einer Pfanne ohne Fett kurz ansautieren. Rasch abkühlen lassen, die Keulen damit füllen und mit Küchengarn zunähen.

Das geputzte, grobgewürfelte Gemüse mit 80 g Butter, Lorbeerblatt und Pfefferkörnern in einer Kupfersauteuse (ca. 30 cm Ø) geben, die Keulen daraufsetzen und im vorgeheizten Ofen bei 220°C 25 Minuten garen.

Die Butter in einer Sauteuse bräunen, den Mais zugeben, ansautieren und würzen. Die Tomaten enthäuten, entkernen und in Würfel schneiden. Zum Mais geben und kurz zusammen durchschwenken.

Den Madeira in einer Sauteuse auf die Hälfte reduzieren, Weißwein zugeben und nochmals kurze Zeit kochen lassen. Mit dem braunen Geflügelfond aufgießen, auf zwei Drittel einkochen und mit der Butter binden.

Fertigstellung:
Den Mais mit den Tomaten auf Teller verteilen, die Keulen in Scheiben schneiden und darauf anrichten. Mit der Sauce umgießen.

Bresse-Poularde
mit Trüffeln auf Lauch

Achten Sie beim Einkauf auf das Siegel, das jedes Geflügel aus der Bresse trägt. Natürlich können Sie dieses Gericht aber auch mit deutschem Geflügel zubereiten.

Bresse-Poularde

1 Poularde à ca. 1,8 kg · 30 g Trüffel ·
Salz · 1 Stück Lauch · 2 Zwiebeln · 2 Karotten ·
100 g Butter · 4 cl Weißwein · 10 Pfeffer-
körner · 1 Lorbeerblatt

Sauce

80 g Butter · 20 g Trüffel · Salz · 4 cl Madeira ·
2 cl Trüffeljus, falls vorhanden ·
0,4 l Geflügelfond, braun

Lauch

4 schöne Stangen Lauch · Salz

Die Poularde ausnehmen und abflämmen. Die Trüffel in nicht zu dünne Scheiben schneiden. Diese unter die Haut der Poularde schieben. Die Poularde auf allen Seiten salzen. Das Gemüse putzen, in grobe Würfel schneiden, zusammen mit Butter, Weißwein und Gewürzen in einen flachen, kalten Topf (ca. 40 cm Ø, möglichst Kupfer) geben. Die Poularde daraufsetzen und bei ca. 200°C 45 Minuten im Ofen dämpfen. Während dieser Zeit ständig begießen, damit sie am Ende der Garzeit nur leicht gebräunt ist.

In einer Sauteuse für die Sauce 10 g Butter erhitzen. Die Trüffel in Scheiben schneiden, in der Butter kurz ansautieren und salzen. Mit Madeira ablöschen, Trüffeljus und braunen Geflügelfond auffüllen. Auf die Hälfte reduzieren und die restliche Butter einrühren.

Vom Lauch die ersten zwei Außenschichten und alles Grüne wegschneiden. Die Stangen längs halbieren und den Lauch in grobe Julienne von 4 × 1 cm schneiden. In kochendem Salzwasser blanchieren, abgießen und auf einem Tuch vorsichtig ausdrücken.

Fertigstellung:

Die Trüffelscheiben aus der Sauce nehmen, in Streifen schneiden und mit dem Lauch zusammen in einer Sauteuse durchschwenken. Die Hälfte der Trüffelsauce zugeben und auf Tellern anrichten.
Von der Poularde das Brustfleisch in schönen Scheiben von

der Karkasse schneiden und auf das Lauch-Trüffel-Gemüse setzen.
Die restliche Sauce getrennt dazu reichen. Die Keulen bis zum Nachservieren warm stellen.

Poulardenfilets
in Sherry-Sauce
mit frischen Morcheln

Morcheln wachsen auch in unseren Breiten. Nach einem warmen Frühlingsregen — von Mai bis Ende Juni — kann man sie in Parks und lichten Mischwäldern finden.

Sauce
150 g frische Morcheln · 20 g Butter · 1 Schalotte ·
Salz · 0,1 l Sherry fino · 0,1 l Geflügelfond,
braun (Jus) · 0,4 l Geflügelfond, hell ·
0,5 l Crème double

Garnitur
Saft von ½ Zitrone · 1 Stück Weißbrot ·
1 Prise Zucker · Salz · 200 g Spargel

Poulardenfilets
4 Poulardenbrüste, enthäutet · 50 g Butter ·
Salz · Pfeffer

Die frischen Morcheln putzen und, nur wenn unbedingt nötig, waschen. In einer flachen Sauteuse (ca. 20 cm Ø) die Butter mit der feingeschnittenen, gewaschenen Schalotte erhitzen und die Morcheln darin kurz ansautieren. Salzen und mit Sherry ablöschen. Mit Jus und Fond auffüllen und ca. 10 Minuten kochen lassen. Mit einem Schaumlöffel die Morcheln herausnehmen und zugedeckt beiseite stellen.

Den Fond auf ein Viertel reduzieren und mit der Crème double auffüllen. Ca. 15—20 Minuten leicht kochen lassen. Während der letzten 5 Minuten die Morcheln wieder dazugeben.
Die Sauce abschmecken, abpassieren und im Mixer aufschlagen.

In einem flachen Topf (ca. 30 cm Ø) reichlich Wasser mit den übrigen Zutaten zum Kochen bringen und den Spargel darin garen. Dabei ist wichtig, daß das Wasser immer stark kocht, sonst wird der Spargel matschig. Den Spargel in ca. 4 cm lange Stücke schneiden.

Die Poulardenstücke in ca. 1 cm dicke Streifen schneiden.

Fertigstellung:

In einer Pfanne (möglichst aus Kupfer) die Butter schmelzen und bei milder Hitze die Poulardenstreifen auf beiden Seiten rosa braten, ohne sie Farbe nehmen zu lassen. Würzen und auf einem Tuch das überschüssige Fett abtupfen.
Auf vorgewärmten Tellern die Morcheln mit dem Spargel und den Geflügelstreifen anrichten und mit der Sauce nappieren.

Poularde
in Rosmarinsauce

Nur Rosmarin, der in sommerlicher Hitze gewachsen ist — aus Frankreich oder Italien importiert, oder an einem windgeschützten Platz im Garten oder auf der Terrasse gezogen — hat ein intensives Aroma. Die blassen Pflänzchen aus den hiesigen Treibhäusern sind weniger geeignet.

1 Poularde von 1,6—1,8 kg · 1 Stück Karotte ·
1 kleines Stück Lauch · 1 Zwiebel · 20 g Butter ·
Salz · 1 großer Zweig frischer Rosmarin ·
1 Knoblauchzehe · 1 Lorbeerblatt · 4 cl Weiß-
wein · 0,6 l Geflügelfond · Mehl

Die Poularde ausnehmen und abflämmen. Die Brüste und Keulen von der Karkasse lösen und die Knochen in kleine Stücke hacken. Karotte, Lauch und Zwiebel putzen und in grobe Würfel schneiden.

Die kleingehackten Geflügelknochen in einer Sauteuse mit der Butter ca. 15 Minuten gut braun rösten. Gemüse und Gewürze beigeben und leicht salzen. Nochmals ca. 5 Minuten ziehen lassen. Mit dem Weißwein ablöschen, mit Geflügelfond auffüllen und ca. 15—20 Minuten kochen. Die Flüssigkeit auf die Hälfte reduzieren. Die Sauce abpassieren und im Mixer aufschlagen, damit eine leichte Bindung zwischen der Butter und dem Bratenfond entsteht.

Die Butter in einer flachen Kupfersauteuse (ca. 30 cm Ø) erhitzen. Brüste und Keulen salzen, leicht mehlieren und in der Butter bei mittlerer Hitze goldgelb braten. Herausnehmen und zur Seite stellen.

Fertigstellung:

Die Poulardenkeulen im stark vorgeheizten Ofen ca. 5 Minuten garen. Dann erst die Brüste zugeben und weitere 5 Minuten bräunen lassen, da diese eine kürzere Bratzeit benötigen. Die Fleischstücke auf vorgewärmten Tellern anrichten und mit der Sauce nappieren.

Bemerkung:
Ich empfehle dazu als Beilagen Kürbisgemüse (Rezept Seite 236) und geröstete Würfelkartoffeln.

Soufflierte Poulardenbrust in Sauerampfer

Ein Frühlingsessen — denn der erste, ganz junge Sauerampfer schmeckt einfach am besten.

2 schöne Poularden

Farce

1 Ei · 0,4 l Crème double · 40 g geriebenes Weißbrot (ohne Rinde) · Zitronensaft · Salz · Pfeffer · Muskatnuß · 40 g braune Butter · 80 g geschlagene Sahne (aus $^1/_{16}$ l flüssiger Sahne)

Sauce

5 cl Noilly Prat · 0,15 l Weißwein, trocken · 1 Schalotte · $^1/_2$ l Geflügelfond, hell · $^1/_4$ l Crème double · 50 g Butter · Salz · Saft von $^1/_2$ Zitrone · 50 g junger Sauerampfer (ohne Stiele) · 2 EL geschlagene Sahne

Die Poulardenbrüste von den Karkassen lösen und enthäuten. Die Schenkel vom Körper trennen, das Keulenfleisch vom Knochen lösen, Haut und Sehnen entfernen.
250 g Fleisch abwiegen und für die Zubereitung der Farce zur Seite stellen. Den Rest sowie die Karkassen zu einer Brühe auskochen.

Das Keulenfleisch leicht einsalzen und im Blitzhacker fein zerkleinern. Das Ei und die Crème double nacheinander einarbeiten und anschließend alles durch ein Haarsieb streichen. Eine Metallschüssel auf Eis stellen, die Fleisch-Sahne-Masse hineingeben, die Weißbrotbrösel untermengen, mit Zitronensaft, Salz, Pfeffer und Muskat abschmecken.
Die braune Butter, die Zimmertemperatur haben soll, und die geschlagene Sahne unterziehen.
Die Poulardenbrüstchen leicht würzen, mit Soufflé-Farce ca. 2 cm dick bestreichen und in eine gebutterte flache Kasserolle einlegen.

Noilly Prat und Weißwein mit der feingeschnittenen und gewaschenen Schalotte ankochen, mit dem Geflügelfond aufgießen und auf ein Viertel reduzieren. Crème double und Butter zugeben und weitere 10 Minuten kochen lassen. Mit Salz und Zitronensaft abschmecken und im Mixer aufschlagen.
Den Sauerampfer in grobe Streifen schneiden, zusammen mit der geschlagenen Sahne unterziehen und kurz aufkochen.

Fertigstellung:
Die Poulardenbrüste bei 200–220°C ca. 10 Minuten garen. Die Sauce auf vorgewärmten Tellern verteilen und die soufflierten Poulardenbrüste darauf anrichten.

Perlhuhnküken, gefüllt, auf Lauch und Pfifferlingen

Die Füllung kommt hier nicht in das Perlhuhn, sondern unter die Haut — so bleibt das empfindliche Brustfleisch besonders saftig.

2 Perlhuhnküken à ca. 250 g

Farce

60 g Kalbfleisch, ohne Sehnen und Fett · Salz ·
1 Eiweiß · 80 g Crème double · 80 g Geflügel-
leber und -herzen · 20 g Butter · 1 Schalotte ·
1 Thymianzweig · Pfeffer · etwas Kerbel

Garnitur

300 g Lauch, nur das Weiße · Salz ·
200 g Pfifferlinge · 30 g Butter

Sauce

4 cl Madeira · 6 cl Weißwein · 16 cl brauner
Geflügelfond (oder Kalbsfond) ·
80 g Butter

Perlhuhnküken ausnehmen und abflämmen, die Lebern und Herzen für die Farce auf die Seite stellen.

Kalbfleisch leicht salzen und zweimal durch die feine Scheibe des Fleischwolfs drehen oder im Blitzhacker zerkleinern. Durch ein Haarsieb streichen und in einer Metallschüssel auf Eis stellen. Eiweiß und Crème double einarbeiten.
Die Geflügelleber und -herzen in Würfel schneiden, in der Butter mit der feingeschnittenen, gewaschenen Schalotte und dem Thymianzweig kurz ansautieren, mit Salz und Pfeffer abschmecken. Den Thymianzweig herausnehmen und die Fleischwürfel erkalten lassen. Den gehackten Ker-

bel zugeben und diese Einlage unter die Farce mischen. Gut verrühren.

Die Brusthaut der Perlhühner vorsichtig vom Fleisch lösen, dabei weder verletzen noch abtrennen, so daß man die Farce mit einem Spritzbeutel mit großer, glatter Tülle zwischen Haut und Brustfleisch spritzen kann. Die Rundungen der Brust sollten mit der Farce unter der Haut nachgeformt werden. Die Perlhühner in Form binden, leicht salzen und im Ofen bei 220°C ca. 25 Minuten braten.

Den Lauch waschen, die zwei ersten Außenschichten entfernen, das Innere in ca. 4 cm lange und 1 cm breite Streifen schneiden. In Salzwasser blanchieren. Abgießen und leicht ausdrücken.
Pfifferlinge putzen, waschen, mit 30 g Butter und wenig Salz ansautieren. Den Lauch beigeben.

Madeira kurz ankochen, mit dem Weißwein auf die Hälfte reduzieren. Mit braunem Fond auffüllen und wiederum um ein Drittel einkochen. Die Butter einrühren und den Lauch mit den Pfifferlingen in der Sauce kurz erhitzen.

Fertigstellung:

Die Gemüse in der Sauce auf vorgewärmte große Teller geben. Die gefüllten Brüste von den Karkassen trennen und in schräge Scheiben schneiden. Auf dem Gemüse anrichten. Die ausgelösten Keulen im Ofen bis zum Nachservieren warm halten.

Bemerkung:

Die Karkassen nicht wegwerfen, sondern für Geflügelsauce auskochen.

Wachtelbrüstchen mit Smyrna-Trauben

Aus Keulen und Karkassen kochen Sie mit Wurzelwerk einen kräftigen Sud, den Sie für eine spätere Verwendung einfrieren.

Wachtelbrüstchen

8 große Wachteln · Salz · 2 Weinblätter, frisch abgekocht oder aus dem Glas · 100 g Smyrna-Trauben · 4 cl Muskateller (Weißwein) · 40 g Butter · 80 g Gänseleberwürfel

Sauce

4 cl Madeira · 0,1 l Muskateller (Weißwein) · 0,15 l brauner Geflügelfond · 60 g Butter

Die Wachteln ausnehmen, abflämmen und salzen. Die Weinblätter in feine Julienne schneiden. Die Trauben in 4 cl Muskateller erhitzen.

Madeira und Weißwein für die Sauce kurz ankochen, den Geflügelfond zugeben und auf die Hälfte reduzieren. Abschmecken und mit der kalten Butter binden.

Fertigstellung:

Die Wachteln bei 220°C im Ofen mit den 40 g Butter ca. 8 Minuten braten. Brüstchen und Keulen von den Karkassen lösen.

In einer heißen Pfanne ohne Fett die Gänseleberwürfel kurz ansautieren.

Weintrauben und Weinblätter-Julienne in der Sauce kurz durchziehen lassen.

Die Wachtelbrüste mit den Weinblättern auf vorgewärmten Tellern anrichten, die Gänseleberwürfel darüber verteilen und das Gericht mit der Sauce übergießen.

Tauben auf Waldpilzen

Falls Sie keine Waldpilze bekommen, können Sie auch eine
Mischung aus Champignons und Egerlingen nehmen.

Taubenbrüstchen

4 schöne Tauben · 4 EL Olivenöl · Salz

Sauce

*3 cl Madeira · 4 cl Rotwein · 2 cl Weißwein ·
½ l Geflügelfond, braun · 80 g Butter*

Pilze

*250 g Waldpilze (z. B. Mairitterlinge,
Steinpilze, Anis-Champignons u. a.) · 1 Schalotte ·
40 g Butter · Salz · Pfeffer · 1 TL Kerbel,
fein geschnitten · 1 TL Petersilie, fein geschnitten ·
1 Knoblauchzehe, geschält*

Die Tauben ausnehmen, abflämmen, würzen und in Form
binden. Im vorgeheizten Ofen im heißen Öl bei 220°C 7 Minuten braten, herausnehmen und ruhen lassen.

Madeira, Rotwein und Weißwein kurz ankochen, mit Geflügelfond aufgießen und auf ein Drittel reduzieren. Die Butter zugeben und darin gut verkochen.

Die geputzten Pilze mit der feingeschnittenen, gewaschenen Schalotte in der Butter ansautieren und mit Salz und
Pfeffer würzen. Die Kräuter mit den Pilzen zur Sauce geben. Die Knoblauchzehe auf eine Gabel stecken und damit
zwei- bis dreimal durch die Sauce fahren.

Fertigstellung:

Die Tauben nochmals für ca. 5 Minuten in den heißen Ofen
schieben. Danach die Brüste und Schenkel auslösen. Die
Pilzsauce auf vorgewärmte Teller geben und die Fleischstücke darauf anrichten.

Kotelett von der Bresse-Taube in Blätterteig mit Petersilien-Mousse

Wenn Sie die Brüste mit der Farce in den Blätterteig verpackt haben (was einige Mühe erfordert), so sollten Sie die Päckchen an einem kühlen Ort etwa 1 Stunde ruhen lassen und den Teig erst 30 Minuten vor dem Backen und noch einmal unmittelbar vor dem Einschieben bestreichen, damit ein besonders schöner Glanz entsteht.

Taubenkotelett

*2 schöne Tauben à 550 g · Salz ·
Pfeffer · 200 g Blätterteig · 4 große Wirsingblätter · 1 Eigelb zum Bestreichen*

Sauce

*Karkassen von beiden Tauben · 1 Stück
Staudensellerie · 1 Schalotte · 1 Karotte ·
2 EL Olivenöl · 1 Thymianzweig · 1 Knoblauchzehe, ungeschält · 5 Petersilienstengel ·
1 Lorbeerblatt · 20 g Butter · 1 cl Weißwein ·
1 cl Madeira · 2 cl Rotwein · 1 l Geflügelfond, braun · Salz · Pfeffer*

Farce

*70 g Kalbfleisch ohne Sehnen · Salz ·
30 g marinierte Gänseleberreste ·
1 Eiweiß · 70 g Crème double · Pfeffer ·
2 EL Olivenöl · 1 Schalotte · 80 g Herbsttrompeten · 1 EL Petersilie, fein gehackt*

Petersilie-Mousse

*200 g krause Petersilie, gezupft · 40 g Blatt-
petersilie · 50 g Spinat, ohne Stiele ·
1 Schalotte · 50 g Butter · $\frac{1}{2}$ l Crème double ·
Salz · Pfeffer*

Die Tauben ausnehmen und abflämmen, die Herzen und Lebern für die Farce zur Seite stellen. Die Brüste auslösen, dabei den Flügelknochen entfernen. Die Keulen auslösen und den Schlußknochen ebenfalls entfernen. Die Karkassen für die Zubereitung der Sauce aufbewahren. Die Brüste und Keulen von Haut und Sehnen befreien. Das Fleisch leicht salzen, pfeffern und kühl stellen.

Die Taubenkarkassen klein hacken und mit den geputzten, grobgewürfelten Gemüsen in Öl leicht anrösten. Thymian, die leicht angedrückte Knoblauchzehe, die Petersilienstengel und das Lorbeerblatt beigeben und das Fett abschütten. 10 g Butter zugeben und im Ofen bei offener Tür und niedriger Temperatur ca. 15 Minuten ziehen lassen. Mit den Weinen ablöschen, mit dem Geflügelfond auffüllen und ca. 30 Minuten köcheln lassen. Abpassieren, auf die Hälfte reduzieren, die restliche Butter beifügen und mit Salz und Pfeffer abschmecken.

Das Kalbfleisch grob würfeln, salzen und kühl stellen. Dann durch die feine Scheibe des Fleischwolfs drehen und wieder kühl stellen. Im Blitzhacker fein zerkleinern, nacheinander die Gänseleber, das Eiweiß und die Crème double einarbeiten. Alle Zutaten sollten bei Zugabe gut gekühlt sein. Die Farce mit Salz und Pfeffer abschmecken und wieder auf Eis stellen.
Die beiseite gestellten Taubenherzen und -lebern in Würfel schneiden und in 1 EL Olivenöl ansautieren.
Die feingeschnittene und gewaschene Schalotte mit den Pilzen in dem restlichen Öl ansautieren, salzen, pfeffern und fein hacken. Herzen, Lebern und Pilze zum Erkalten in den Kühlschrank stellen und anschließend mit der Farce und der feingehackten Petersilie vermischen.

Für die Mousse Petersilie und Spinat waschen, blanchieren und in Eiswasser abschrecken. Gut ausdrücken und hakken. Die feingeschnittene, gewaschene Schalotte in 1 EL Butter andünsten, ohne sie Farbe nehmen zu lassen. Petersilie und Spinat zugeben, mit Crème double aufgießen, aufkochen und auf die Hälfte reduzieren. Alles im Mixer pürieren und mit Salz und Pfeffer abschmecken. Kurz vor dem Servieren die restliche Butter zugeben und unter ständigem Rühren erhitzen.

Fertigstellung:

Die Wirsingblätter weich blanchieren, mit einem Tuch trockentupfen und mit der Farce dünn bestreichen. Auf jedes Blatt eine Brust und eine Keule legen und das Fleisch auch mit der Farce bestreichen. Jedes Kotelett so mit dem darunterliegenden Blatt umhüllen, daß die Kralle herausschaut.

Den Blätterteig sehr dünn ausrollen, in gleichmäßige Vierecke schneiden, das Fleisch mit der Farce und dem Wirsing darin einschlagen. Mit Eigelb bestreichen und 30 Minuten stehenlassen, damit der Teig beim Backen nicht reißt.

Im vorgeheizten Ofen bei 240°C 10 Minuten backen und noch 2 Minuten außerhalb des Ofens ruhen lassen. Die Taubenkoteletts in Tranchen schneiden, auf Tellern anrichten, mit der Sauce nappieren und die Petersilien-Mousse dazu servieren.

Taubenbrüstchen
im Basilikumsud
mit jungen Gemüsen

Sie können alle Schritte vorbereiten — die Brüstchen allerdings dürfen erst etwa 10 Minuten vor dem Servieren in
den Sud gelegt und sollten dann unverzüglich aufgetragen
werden.

Taubenbrüstchen

*2 Tauben (Bresse) · 2 Schalotten · 1 kleine
Karotte · 1 Stange Staudensellerie · 20 g Butter ·
Pfefferkörner · Salz · ⅛ l Weißwein ·
1 l Geflügelfond oder Fond blanc*

Gemüseeinlage

*120 g Rosenkohlblätter · 80 g tournierte
Karotten · 60 g frische Erbsen · 80 g junger
Lauch, geputzt · Salz · 140 g Butter · Pfeffer
aus der Mühle · 8 Basilikumblätter ·
1 TL Schnittlauch, fein geschnitten*

Die Taubenbrüstchen von den Karkassen lösen und auf die
Seite stellen. Die Karkassen und die Schenkel klein hacken
und mit den geputzten und grobgewürfelten Wurzelgemü-
sen leicht in der Butter andünsten. Pfefferkörner zugeben
und leicht salzen. Mit Weißwein ablöschen, mit Geflügelfond auffüllen und ca. 1 Stunde köcheln lassen.

Alle Gemüse für die Einlage putzen und den Lauch in
schräge Scheiben schneiden. Wegen der unterschiedlichen
Garzeit jedes Gemüse für sich in etwas Salzwasser garen,
abgießen und abtropfen lassen.

Fertigstellung:

Den Sud abpassieren und auf die Hälfte reduzieren. Die

Taubenbrüstchen einlegen und darin rosa pochieren. Herausnehmen und in dünne Scheiben schneiden.

Die Butter im Sud verkochen, die Sauce kurz im Mixer aufschlagen, mit Salz und Pfeffer aus der Mühle abschmecken.

Die Gemüse und das Fleisch zum Erwärmen nochmals in den Sud legen, die Kräuter zugeben, und die Taubenbrüstchen mit den Gemüsen und dem Sud in vorgewärmten Tellern servieren.

Truthahnleber
mit Zwiebelsauce

Besorgen Sie sich für dieses Gericht besonders große Lebern, weil sie zarter sind als die kleinen.

Truthahnleber
600 g Truthahnleber, möglichst groß ·
30 g Butter · Salz · Pfeffer

Zwiebelsauce
400 g weiße Zwiebeln · Mehl · $^1\!/_4$ l Olivenöl ·
9 cl Weißwein · 4 cl Madeira · $^1\!/_2$ l Kalbs-
jus · 80 g Butter · Salz

Garnitur
2 Äpfel (Gravensteiner) · 0,1 l Weißwein ·
40 g Butter · 1 TL Puderzucker

Die Leber sorgfältig von den äußeren Häutchen und Sehnen befreien und in ca. 5 mm dicke, möglichst große Scheiben schneiden.

Die Zwiebeln schälen, halbieren und in dünne Streifen schneiden. Auf einem Tuch verteilen, mit Mehl bestäuben und kurz durchschütteln, damit sich das Mehl verteilt. Die Streifen nacheinander in nicht zu heißem Öl in einem Topf von ca. 15 cm Ø langsam goldgelb bräunen, auf ein Tuch geben, um das überschüssige Fett zu entfernen. Die Zwiebeln in einem zweiten Topf (ca. 20 cm Ø) kurz erhitzen, sofort mit Weißwein und Madeira ablöschen. Kalbsjus auffüllen und unter leichtem Kochen in ca. 15 Minuten auf die Hälfte reduzieren. Mit einem Kochlöffel nach und nach die kalte Butter einrühren und die Sauce damit binden. Mit Salz abschmecken.

Äpfel schälen und in mandelgroße Stücke tournieren. Weißwein, Butter und Zucker in eine Sauteuse geben und die Äpfel darin weich dünsten.

Fertigstellung:

In einer Pfanne (ca. 30 cm Ø) 30 g Butter erhitzen, die Leberscheiben darin kurz braten, mit Salz und Pfeffer würzen. Auf Tellern anrichten, die Sauce darübergießen und die Apfelstücke darauf verteilen.

Gekochte Gänsebrust
mit Meerrettichsauce
und roter Bete

Die besten, zartesten Gänse gibt es im November, dann haben sie genau das richtige Alter erreicht.

1 Gans, ca. 3 kg

Sud

2 Stück Staudensellerie · 2 Karotten ·
1 Stück Lauch · 2 Zwiebeln · 2 Lorbeerblätter ·
1 EL Pfefferkörner · 2 Nelken

Rote Bete

4 kleine Rote-Bete-Knollen · 2 EL Rotwein-
essig · 1 TL Kümmel · Salz · 1 Stück
Meerrettich, geschält, zum Reiben

Meerrettichsauce

1 l Sud · Salz · 0,1 l Sahne · 150 g Butter ·
35 g Weißbrot (2 Tage alt) · 2—3 EL geriebener
Meerrettich · Pfeffer

Sellerie, Karotten und Lauch putzen und grob würfeln, die Zwiebeln schälen und vierteln. In einem großen Topf die Sudzutaten mit reichlich Wasser erhitzen und die Gans, je nach Alter, ca. 45—60 Minuten darin garen.
Dann den Sud abpassieren.

Inzwischen die roten Bete schälen und einzeln mit etwas Rotweinessig, Kümmel und 1 Prise Salz in Alufolie einwickeln. Gut verschließen, damit keine Flüssigkeit austreten kann. In ein flaches feuerfestes Gefäß eine 1 cm dicke Salzschicht einfüllen, die Rüben in das Salz setzen und im Ofen bei 250°C 50 Minuten garen.

Den Sud auf ein Drittel reduzieren. Salzen, Sahne und Butter beifügen und noch 10 Minuten kochen lassen, im Mixer aufschlagen und das feingeriebene Weißbrot einrühren. Den frisch geriebenen Meerrettich zugeben, mit Salz und Pfeffer abschmecken.

Fertigstellung:

Die roten Bete in Scheiben und dann in Streifen schneiden. Die Sauce auf vorgewärmte Teller geben und die Rote-Bete-Streifen darauf verteilen. Etwas frischen Meerrettich darüberreiben und die ausgelöste Gänsebrust in Scheiben darauf anrichten.
Nach Belieben mit etwas Brunnenkresse garnieren.

Bemerkung:

Der Meerrettich sollte erst unmittelbar vor dem Servieren zur Sauce gegeben werden.
Aus den Gänsekeulen können Sie noch ein Confit herstellen: sie in reichlich Gänseschmalz weichköcheln, dann vom Knochen gelöst und in Stücke geschnitten im Schmalz abkühlen lassen. Schmeckt herrlich auf geröstetem Graubrot.

Junge Gans mit Bratapfel und Grießnocken

Die beste Zeit für einen solchen Gänsebraten ist ab November, dann haben die Gänse das richtige Alter von etwa fünf Monaten erreicht, sind wohlgenährt und angenehm fett.

Gans

*1 junge Gans von 2—3 kg, bratfertig ·
Salz · 1 Apfel (Boskop) · 1 Zwiebel, geschält ·
1 Zweig Beifuß · ¹⁄₄ l Wasser*

Grießnocken

*150 g Butter · Salz · 4 Eier · 250 g Grieß ·
5 Semmeln (ca. 200 g) · ¹⁄₈ l Sauerrahm · 500 g mehlige Kartoffeln, gekocht ·
1 Prise Muskatnuß*

Bratäpfel

*4 Äpfel (Boskop, Cox Orange oder
Gravensteiner) · 50 g Butter · 1 EL Preiselbeeren · 30 g Zucker · Saft von
¹⁄₂ Zitrone · 1 EL Weißwein*

Sauce

¹⁄₂ l brauner Fond

Die Gans salzen und mit dem halbierten Apfel, der halbierten Zwiebel und dem Beifuß füllen. Das Wasser in einen Bräter geben, die gefüllte Gans hineinlegen und bei ca. 220°C 1—2 Stunden, je nach Alter, dämpfen. Dabei immer wieder mit der Flüssigkeit übergießen. Nach der halben Bratzeit die Füllung aus der Gans nehmen und mit im Bräter schmoren lassen. Wichtig ist, daß die Gans sehr weich gedämpft wird; erst dann die Oberhitze erhöhen, um die Gans Farbe nehmen zu lassen. Gans herausnehmen und warm stellen.

Die Butter für die Nocken schaumig rühren, salzen, die Eier nach und nach zugeben und den Grieß einrühren. Mindestens 1 Stunde stehenlassen und in dieser Zeit mehrmals kräftig durchschlagen.

Die Semmeln (oder Kastenweißbrot) entrinden und in kleine Würfel schneiden. Im Sauerrahm einweichen. Die Kartoffeln in der Schale kochen, schälen und grob zerteilt im Ofen gut austrocknen lassen (ca. 5 Minuten bei 200°C).

Durchpassieren, die eingeweichten Semmeln, Muskat und die Grießmasse zugeben und alles gut vermengen. Mit einem nassen Löffel Nocken abstechen und im kochenden Wasserbad garen (ca. 15 Minuten).

Mit einem Apfelausstecher das Kerngehäuse entfernen. Die Äpfel in eine gebutterte flache Bratpfanne geben, mit den Preiselbeeren füllen und mit dem Zucker bestreuen. Die Butter in Flöckchen darauf verteilen und in den auf mindestens 260°C vorgeheizten Backofen schieben. Diese hohe Temperatur ist unbedingt erforderlich, damit die Äpfel wirklich braten und nicht dämpfen. Kurz vor Beendigung der Garzeit Zitrone und Weißwein zugeben und die Äpfel so lange im Ofen lassen, bis sich der Saft mit dem Weißwein zu einer dickflüssigen Sauce entwickelt hat, die Sie dann zum Servieren über die Äpfel gießen.

Den Fond in den Bräter geben, mit dem Bratensatz und dem Apfel-Zwiebel-Gemisch kräftig durchkochen. Abpassieren und eventuell entfetten.

Fertigstellung:

Die Gans tranchieren, auf vorgewärmten Tellern mit den Grießnocken und Bratäpfeln anrichten. Fleisch und Äpfel mit ihrer Sauce nappieren.

Ente mit eigener Leber auf Äpfeln

Am besten verwenden Sie französische Barberie-Enten.

2 Enten à 1,6—1,8 kg

Entenjus

*Karkassen von den beiden Enten · 1 Zwiebel ·
1 Stück Staudensellerie · Öl zum Anbraten · Salz · 1 EL Tomatenmark · 1 EL Preiselbeeren · 1 Lorbeerblatt · 5 Pfefferkörner ·
0,1 l Rotwein · 4 cl Portwein · 1 l Fond blanc*

Sauce

*4 cl Rotwein · 1 cl Rotweinessig · 1 cl Weißwein-
essig · 1 TL Zitronensaft · 60 g Butter ·
Salz · Pfeffer*

Entenfleisch

Salz

Äpfel

*2 Golden Delicious oder Granny Smith ·
1/8 l Weißwein · 2 TL Puderzucker · 30 g Butter*

Entenleber

*160 g Entenstopfleber (notfalls normale
Entenleber) · Salz · Pfeffer · Muskatblüte, gemahlen*

Die Enten ausnehmen und abflämmen. Die Brüste und Keulen von den Karkassen lösen und zur Seite stellen.

Die Karkassen klein hacken, Zwiebel und Sellerie putzen
und grob würfeln. Die Karkassen in einer flachen Kasserolle mit etwas Öl im Ofen anrösten. Nach ca. 10 Minuten das
Fett abgießen und das Gemüse zugeben. Leicht salzen, den

EL Tomatenmark einrühren und weitere 10 Minuten vorsichtig rösten. Aus dem Ofen nehmen, die Preiselbeeren und Gewürze beigeben, mit Rotwein und Portwein ablöschen. Auf der Herdplatte kurze Zeit schmoren und mit Fond blanc auffüllen, ca. 1 Stunde kochen lassen und abpassieren.

In einer Sauteuse den Rotwein für die Sauce kurz ankochen und mit Entenjus aufgießen. Auf die Hälfte reduzieren, die beiden Essigsorten und den Zitronensaft zugeben, die Butter einrühren. Sollte die Sauce noch zu dünn sein, weiter einkochen lassen. Salzen und pfeffern.

Entenbrüste und -keulen würzen und in einer flachen Kasserolle bei ca. 240°C in den Ofen schieben. Nach 10 Minuten sind die Brüste halb gegart und werden herausgenommmen. Noch 10 Minuten neben dem Herd ruhen lassen.
Die Keulen benötigen weitere 15 Minuten. In den letzten 5 Minuten die Brüste bei starker Hitze wieder mit erhitzen.

Die Äpfel schälen, in 6 Teile schneiden, das Kerngehäuse entfernen, im Weißwein mit Zucker und Butter dünsten, bis die Flüssigkeit vollständig eingekocht ist und die Äpfel schön glaciert sind.

Die Entenstopfleber in Scheiben schneiden, würzen und ohne Fett in einer heißen Pfanne goldbraun braten. Wenn sie normale Entenleber verwenden, in 1 TL Butter anbraten.

Fertigstellung:
Von den Entenbrüsten die Haut abtrennen und das darunterliegende Fett entfernen. Die Haut in feine Julienne schneiden, in einer Pfanne knusprig rösten und leicht salzen.
Die Brüste in Scheiben schneiden. Mit den Keulen auf Tellern mit den Apfelspalten und der Leber anrichten. Mit der Sauce übergießen und die geröstete Entenhaut über das Fleisch verteilen.

Wild

Damhirschnüßchen in weißer Pfeffercreme

Der Damhirsch ist etwas kleiner als der normale Hirsch, sein Fleisch ist zarter. Man kann für dieses Gericht auch das Fleisch eines jungen Hirschen oder eines Rehs verwenden.

Damhirschnüßchen

1 kg Oberschale oder Rücken vom Damhirschkalb · 3 EL Olivenöl · Salz · Pfeffer · Wacholder, gemahlen

Pfeffercreme

4 EL Olivenöl · 25 g weiße Pfefferkörner · Parüren vom Damhirsch · 1 kleine Zwiebel · 1 Stück Staudensellerie · 25 g Speckschwarte · 5 Wacholderbeeren · Salz · 3 cl Cognac · ¼ l Wildfond · 0,8 l Sahne · 20 g Butter

Das Fleisch von Haut und Sehnen befreien und die Parüren für die Sauce zur Seite stellen. Die Oberschale bzw. den Rükken in 3 cm dicke Scheiben schneiden.

Das Olivenöl für die Pfeffercreme in einem Topf (ca. 25 cm Ø) stark erhitzen und die Pfefferkörner 2 Minuten kräftig anrösten. Die Parüren zugeben und kurz mitrösten. Das grobgewürfelte Gemüse, die gewürfelte Speckschwarte sowie die Wacholderbeeren beigeben, leicht salzen und bei 180°C im Ofen noch 10 Minuten bräunen.

Das überschüssige Fett abgießen und den Topf auf die Herd-platte zurückstellen. Mit Cognac ablöschen, den Fond zuge-ben und auf die Hälfte reduzieren. Mit der Sahne auffüllen und ca. 35 Minuten köcheln lassen. Durch ein Haarsieb pas-sieren und mit der Butter im Mixer aufschlagen. Salzen.

Fertigstellung:

3 EL Olivenöl in einer großen Pfanne (ca. 35 cm Ø) stark erhitzen. Die Fleischscheiben mit Salz, Pfeffer und dem Wa-cholderstaub würzen, von beiden Seiten in dem Öl kurz an-braten. Dann im Ofen bei 200°C ca. 3 Minuten garen. Das Fleisch auf vorgewärmten Tellern anrichten und mit der Sauce nappieren.

Als Beilage eignen sich in Weißwein gedünstete Apfelspal-ten und Nudeln.

Bemerkung:

Das kräftige Anrösten des Pfeffers gibt der Sauce den inten-siven, leicht süßlichen Geschmack.

Junges Rebhuhn mit Feigen auf Wirsing

Feigen sind kein gewöhnliches Obst: es handelt sich nämlich nicht um Früchte, sondern um Blüten mit besonders fleischigen Blättern, die als solche allerdings nicht mehr erkennbar sind. Am intensivsten schmecken die blauen Feigen, die vor allem im Spätsommer und Herbst aus Italien und Südfrankreich zu uns kommen.

Wirsing

*½ Wirsingkopf · 4 Scheiben durch-
wachsener Speck · 4 EL Sahne · Salz · Pfeffer ·
Muskatnuß*

Rebhühner

*4 junge Rebhühner · Salz · Wacholderstaub ·
4 große Scheiben fetter Speck · 4 EL Öl
zum Braten*

Trüffelsauce

*10 g Trüffel · 30 g Butter · Salz · 0,1 l Madeira ·
0,2 l Geflügelfond, hell · 0,2 l Geflügelfond, braun · 5 cl Trüffeljus (aus der Dose)*

Garnitur

4 reife blaue Feigen · 20 g Butter

Die Strünke und dicken Blattrippen des Wirsings entfernen. Die Blätter in 4×4 cm große Quadrate schneiden. In kochendem Salzwasser blanchieren, in Eiswasser abschrekken und auf einem Tuch gut abtropfen. Den Speck in kleine Würfel schneiden und ebenfalls kurz blanchieren. Abgießen und in einer Sauteuse ein wenig anschwitzen, Sahne zugeben und alles auf die Hälfte reduzieren. Den Wirsing beigeben, mit Salz, Pfeffer und Muskat leicht abschmecken.

Die Vögel ausnehmen, wenn nötig abflämmen, mit Salz und Wacholder würzen. Je eine Scheibe Speck darüberdecken und das Rebhuhn mit dem Speck in Form binden. Die Rebhühner mit dem Öl in eine Sauteuse geben und im vorgeheizten Ofen bei ca. 190°C 10 Minuten langsam braten. Herausnehmen, Speck entfernen und nochmals 3—5 Minuten im Ofen garen. Dabei mehrfach mit dem heißen Fett übergießen.

Die Trüffel klein schneiden, in etwas Butter ansautieren und salzen. Mit Madeira ablöschen und mit beiden Geflügelfonds auffüllen. Trüffeljus zugeben und um ein Drittel der Menge reduzieren. Die Butter in kleinen Stückchen einrühren. Mit Salz abschmecken.

Fertigstellung:
Die Feigen in ca. 5 mm dicke Scheiben schneiden. Mit etwas Butter in einer Pfanne erhitzen. Zusammen mit dem Wirsing auf vorgewärmten Tellern anrichten und das Rebhuhn darauf plazieren. Die Sauce getrennt dazu servieren.

Rehkitzkeule
in Wacholdersauce

Um eine schöne Keule von einem Rehkitz zu erhalten, sollten Sie sich mit Ihrem Wildhändler gut stellen. Man bekommt Rehkitzkeulen selten, auf dem Land eher als in der Stadt.

Rehkitzkeule
1 Rehkitzkeule von ca. 1,2—1,5 kg · Salz ·
Öl zum Braten

Sauce

*2 Karotten · 2 Zwiebeln · 1 Stück Lauch ·
1 Stück Sellerie · 1 Lorbeerblatt · 10 Pfefferkörner · 20 g Speck, durchwachsen · 2 cl Portwein · ¹/₂ l Rotwein · ¹/₂ l Wildfond oder Brühe ·
15 Wacholderbeeren · 100 g Butter · Salz*

Die Rehkitzkeule gut parieren und die Parüren aufbewahren. Die Keule salzen und in einem flachen Bräter in etwas
Öl anbraten. Dann die Parüren zugeben und im vorgeheizten Ofen bei 240°C ca. 25 Minuten braten. Die Keule herausnehmen und auf einem Gitter ca. 10 Minuten ruhen lassen.

Die geputzten und grobgewürfelten Gemüse mit dem Lorbeerblatt, den Pfefferkörnern und dem kleingeschnittenen
Speck zu den Parüren in den Bräter geben, die Keule wieder daraufsetzen und 10 Minuten weitergaren. Das Fleisch
herausnehmen, den Bräter wieder auf die Herdplatte stellen und den Bratensatz mit den Weinen ablöschen. Mit dem
Fond aufgießen und auf die Hälfte reduzieren. Die Wacholderbeeren fein hacken, zur Sauce geben und sofort abpassieren, damit der Wacholdergeschmack nicht zu intensiv
wird. Die Butter einrühren und die Sauce damit binden.
Mit Salz abschmecken.

Fertigstellung:

Die Keule vom Knochen weg in Scheiben schneiden, auf Tellern anrichten und mit der sehr natürlichen Sauce servieren.

Bemerkung:

Als Beilage empfehle ich hausgemachte Nudeln und kleine
Pfifferlinge.

Wildentenbrust
mit »schwarzen Nüssen«
nach Otto Koch

Für die »schwarzen Nüsse« müssen Sie ab etwa Mitte Juni bis Mitte Juli auf die Suche gehen. Auf dem Markt werden Sie nämlich die jungen grünen Walnüsse, die Sie dafür brauchen, nicht finden. Aber vielleicht haben Sie einen Nußbaum im Garten oder Freunde, bei denen Sie ernten dürfen. Die Nüsse sollten mitsamt ihrer giftgrünen Hülle nicht größer sein als reife, bereits von ihren Schalen befreite Walnüsse. Man muß sie mit einer Nadel widerstandslos durchstechen können. Am besten, Sie schneiden eine Nuß probehalber durch: Die innere Schale darf sich noch nicht ausgebildet haben, sie darf nicht fest oder gar schon holzig sein. Auf diese Weise eingemachte Nüsse halten sich übrigens jahrelang.

Eingemachte »schwarze Nüsse«

500—700 g grüne Walnüsse, mit noch weicher Schale · 1 l Wasser · 500 g Zucker · ¹/₂ l Sherry-Essig

Sauce

0,1 l Rotwein · 4 cl Portwein · 2 Schalotten · 1 TL Preiselbeeren · 10 Pfefferkörner · 5 Champignons · 1 l brauner Wildfond · die Leber der Enten · Muskatblüte · weißer Pfeffer · 3 EL Butter · 0,1 l frisches Tierblut · Salz

Entenbrüste

2 junge Wildenten · Öl zum Braten · Salz · 6 eingelegte »schwarze Nüsse«

Die Nüsse mit einer Gabel rundherum einstechen und 8—10 Tage wässern, dabei das Wasser täglich erneuern. Das Wasser mit dem Zucker und dem Essig aufkochen und die Walnüsse darin garen. Wenn diese leicht von einer durchgestochenen Nadel abfallen, sind sie weich genug. Heiß in Einmachgläser füllen, mit dem kochendheißen Sirup bedekken, die Gläser sofort verschließen.

Rotwein und Portwein mit einer feingeschnittenen, gewaschenen Schalotte, den Preiselbeeren, den Pfefferkörnern und den grobgeschnittenen Champignons auf ein Viertel einkochen. Mit Wildfond füllen und nochmals auf die Hälfte reduzieren. Die Leber fein hacken, mit Muskatblüte und weißem Pfeffer würzen. Die zweite Schalotte ebenfalls fein schneiden und waschen. In 1 EL Butter anschwitzen und die Leber darin erwärmen, jedoch nicht braten. Durch ein Haarsieb streichen. Das Blut zur Sauce geben und kurz durchkochen. Die Leber mit der restlichen Butter einrühren und den Topf vom Herd nehmen. Die Sauce darf nicht mehr kochen. Abpassieren und im Mixer aufschlagen. Eventuell mit Salz abschmecken.

Die Enten würzen und im Ofen bei 220°C ca. 8 Minuten braten. Herausnehmen und außerhalb des Ofens 5 Minuten ruhen lassen. Dann nochmals für 3 Minuten in den Ofen stellen. Die Haut entfernen und die Brüste von den Karkassen lösen.

Fertigstellung:
Die eingelegten Nüsse in möglichst dünne Scheiben schneiden und in etwas Einweck-Sud erhitzen. Die Entenbrüste auf vorgewärmten Tellern anrichten, mit der Sauce nappieren und mit den abgetrockneten Nußscheiben umlegen.

Hasenragout

Auch für ein Ragout sollten Sie bei Ihrem Händler ausdrücklich Keulen von jungen Hasen verlangen, sonst müssen Sie sie zu lange schmoren und sie werden dadurch unweigerlich trocken.

Hasen

4 Hasenkeulen, sorgfältig enthäutet · Salz ·
Öl zum Anbraten

Marinade

2 Lorbeerblätter · 1 EL Pfefferkörner ·
2 Thymianzweige · 3 Nelken · 300 g rote Zwiebeln,
zerkleinert · 100 g Staudensellerie, zerkleinert ·
150 g Karotten, zerkleinert · 10 Petersilien-
stengel · 4 cl Olivenöl · 1 l Rotwein ·
5 Wacholderbeeren

Sauce

0,7 l Wildfond · 100 g Butter · Salz

Garnitur

250 g Pfifferlinge oder andere Pilze ·
30 g Butter · Salz

Bratäpfel

4 Äpfel (Boskop, Cox Orange oder
Gravensteiner) · 50 g Butter · 1 EL Preiselbeeren ·
30 g Zucker · Saft von ½ Zitrone ·
1 EL Weißwein

Das Hasenfleisch von den Knochen lösen und mit den Knochen in ein passendes Gefäß legen, mit den Zutaten der Marinade bedecken.
Mindestens 12 Stunden marinieren. Dann das Fleisch aus der Marinade nehmen, mit einem Tuch gut abtrocknen und in große Würfel schneiden. Salzen.

Die Marinadenflüssigkeit abpassieren und zur späteren Verwendung auf die Seite stellen. Die Gemüse gut abtropfen lassen.

Die Hasenstücke in einer Pfanne mit etwas Öl anbraten, herausnehmen und in einen großen Topf oder Behälter setzen.
Das Marinadengemüse in derselben Pfanne anbraten und dann über das Fleisch verteilen. Mit dem Wildfond und der Marinadenflüssigkeit aufgießen und im vorgeheizten Ofen bei 150°C etwa 2 Stunden garen. Dabei die Knochen mitbraten lassen. Dann das Fleisch herausnehmen und zugedeckt warm stellen. Den Garsud abpassieren und auf 0,5 l einkochen. Die Butter zugeben, im Mixer aufschlagen und mit Salz abschmecken.

Die Pilze putzen und, wenn nötig, waschen. In Butter sautieren, bis sie keine Flüssigkeit mehr abgeben. Salzen.

Mit einem Apfelausstecher das Kerngehäuse entfernen. Die Äpfel in eine gebutterte flache Bratpfanne setzen, mit den Preiselbeeren füllen und mit Zucker bestreuen. Die Butter in Flöckchen darauf verteilen und in den auf mindestens 260°C vorgeheizten Ofen schieben. Diese hohe Temperatur ist erforderlich, damit die Äpfel nicht dämpfen, sondern braten.
Kurz vor Beendigung der Garzeit Zitronensaft und Weißwein zugeben. Die Äpfel so lange im Ofen lassen, bis sich der Saft mit dem Weißwein zu einer dickflüssigen Sauce verbunden hat, die Sie dann beim Servieren über die Äpfel ziehen.

Fertigstellung:
Die Hasenkeulenstücke in die Sauce zurückgeben. Zusammen in eine vorgewärmte Schüssel füllen und die sautierten Pilze darüberstreuen.
Die Bratäpfel getrennt dazu reichen.

Bemerkung:
Dieses Ragout kann natürlich auch mit anderem Wild zubereitet werden.

Wildrouladen
im Wirsingmantel

In einer Küche wird nichts weggeworfen. Auch aus kleinen Resten läßt sich noch etwas machen, zum Beispiel aus den am Knochen sitzenden Fleischstückchen — wenn Sie eine Rehkeule entbeint haben — die Farce für solche Wirsingröllchen.

Rouladen
400 g Rehfleisch, ausgelöst · 150 g Schweinefleisch · 1 Ei · 1 EL Semmelbrösel · Salz · weißer Pfeffer aus der Mühle · 8 Wirsingblätter · Butter zum Anbraten

Sauce
0,3 l Wildfond · 0,2 l Crème double · 100 g Butter · Salz · Pfeffer

Reh- und Schweinefleisch durch die feine Scheibe des Fleischwolfes drehen. Mit Ei, Semmelbröseln, Salz und Pfeffer gut vermischen.
Die Wirsingblätter in kochendem Salzwasser blanchieren. Die Strünke herausschneiden und die Blätter auf einem Tuch gut abtrocknen.
Die Fleischfarce auf die einzelnen Blätter verteilen und diese zu gleichmäßigen Röllchen einrollen. Dabei die Seitenteile mit einschlagen, so daß die Röllchen überall geschlossen sind. Mit Bindfaden umwickeln und verschnüren. In einer Schmorpfanne etwas Butter erhitzen und die Wirsingröll-

chen auf allen Seiten gleichmäßig anbraten. Herausnehmen und im vorgeheizten Ofen bei 150°C warm halten.

Den Bratensatz mit Wildfond und Crème double ablöschen und auf zwei Drittel einkochen. Die Butter zugeben, verkochen lassen und die Sauce im Mixer aufschlagen. Mit Salz und Pfeffer abschmecken.

Fertigstellung:
Die Wirsingröllchen in der Sauce kurz ziehen lassen. Auf vorgewärmten Tellern anrichten, die Bindfäden entfernen, die Röllchen mit der Sahne übergießen.

Emincé vom Fasan in Wacholdersauce

Es ist sehr schwierig, einen Fasan im ganzen so zu braten, daß die Brust saftig bleibt und die Keulen gar sind. Deshalb sollte man die Brust besser auslösen und die Keulen für ein anderes Gericht vorsehen.

Emincé

2 Fasane

Wacholdersauce

700 g Fasanenknochen · Öl · 1 Zwiebel ·
1 Stück Staudensellerie · 0,1 l Weißwein ·
0,1 l Gin · ¼ l Geflügeljus · ½ l Fond blanc ·
¾ l Sahne · Salz · Pfeffer · 10 g zerdrückte
Wacholderbeeren · 50 g Butter

Die Brüste und Keulen der Fasane auslösen und zur Seite stellen. Die Karkassen für die Sauce verwenden. Die Keulen für ein anderes Gericht vorsehen.

Die Fasanenknochen klein hacken und in Öl stark anbraten. In Würfel geschnittene Zwiebel und Staudensellerie zugeben und bei mäßiger Hitze im Ofen anbräunen.

Das Öl abgießen. Mit Weißwein und Gin ablöschen, einkochen lassen und dann mit dem Geflügeljus auffüllen. Wiederum einkochen lassen und anschließend mit dem Fond blanc auffüllen. Auf ein Drittel reduzieren, mit der Sahne aufgießen und weitere 15 Minuten kochen lassen. Mit Salz und Pfeffer abschmecken. Die Sauce abpassieren und in einem Topf mit den zerdrückten Wacholderbeeren am Herdrand so lange ziehen lassen, bis die Sauce den Wacholdergeschmack angenommen hat. Durch ein Tuch passieren. Die Butter zugeben und im Mixer aufschlagen. Eventuell noch mit Gin und Salz abschmecken.

Fertigstellung:

Die Fasanenbrüstchen in 1 cm dicke Scheiben schneiden und nur kurz in Butter braten, so daß sie innen saftig bleiben.

Die Scheiben auf vorgewärmten Tellern anrichten und mit der Sauce nappieren.

Beilagen

Bouillonkartoffeln

Sie passen am besten zu gesottenem Rindfleisch, zum Tafelspitz.

70 g Lauch · 70 g Karotten · 70 g Stauden-
sellerie · ¼ Knoblauchzehe · 600 g Kartoffeln ·
80 g Butter · Salz · Pfeffer · Muskatnuß ·
½ l Consommé · 2 EL gehackte Petersilie

Lauch, Kartoffeln und Sellerie putzen und fein würfeln. Ei-
nen Topf mit der Knoblauchzehe ausreiben. Die geschälten
Kartoffeln in 1 cm große Würfel schneiden.
Sellerie, Lauch und Karotten in 80 g Butter anschwitzen,
Kartoffelwürfel zugeben und würzen. Mit der Consommé
auffüllen und ca. 25—30 Minuten leicht kochen lassen. Zum
Schluß die Kartoffeln mit einem Schaumlöffel aus der Flüs-
sigkeit heben und mit der Petersilie bestreuen.

Gefüllte Ofenkartoffeln

Die Ofenkartoffeln können zusammen mit einem Salat sogar eine kleine Mahlzeit bilden.

4 große mehlige Kartoffeln (z. B. Bintje) ·
40 g durchwachsener Speck · 1 Schalotte ·
1 EL Petersilie · 1 EL Kerbel · 1 EL Schnittlauch ·
2 EL Sahne, flüssig · 10 g Butter · Salz ·
Pfeffer · Muskatnuß · 1 Eigelb · 1 EL Milch

Die ungeschälten Kartoffeln in Alufolie packen und im Ofen bei ca. 170°C 1½ Stunden garen. Die Kartoffeln auspacken und das obere Drittel der Länge nach abschneiden. Die restliche Kartoffel mit einem Kaffeelöffel aushöhlen, so daß nur eine 5 mm dicke Wand erhalten bleibt.

Das Kartoffelinnere und die abgeschnittenen Drittel ohne Schale mit einer Gabel fein zerdrücken und warm stellen.

Die Zwiebel-Speck-Mischung mit den feingeschnittenen Kräutern, der Sahne und der Butter zu der warmen Kartoffelmasse geben, mit Salz, Pfeffer und Muskatnuß abschmekken. Die Masse in die ausgehöhlten Kartoffeln füllen. Das Eigelb mit der Milch verquirlen und die gefüllten Kartoffeln damit bestreichen.

Fertigstellung:

Im Backofen bei starker Oberhitze oder unter dem Grill überbacken, bis die Oberfläche goldbraun ist.

Kartoffelküchlein

Die richtige Kartoffelsorte für die Küchlein: Bintje oder Primura.

500 g Kartoffeln, mehlig kochend · 1 Ei ·
Salz · Pfeffer · Muskatnuß · 100 g Pfifferlinge ·
Öl · eventuell 1 EL Schlagsahne

Die Kartoffeln schälen, kochen und grob zerkleinert im Ofen ausdämpfen lassen. Durch eine Kartoffelpresse drükken, mit dem Ei gut vermischen und würzen.

Die Pfifferlinge waschen und putzen. In wenig Wasser mit etwas Salz und Pfeffer dünsten und auf einem Tuch trokkentupfen. Etwas erkalten lassen und unter die Kartoffelmasse mengen. Sollte die Masse sehr fest sein, 1 EL Schlagsahne unterziehen.

Fertigstellung:

In eine heiße Eisen-(oder Teflon-)Pfanne ohne Öl mehrere eßlöffelgroße Portionen geben und mit dem in Öl getauchten Löffel flach drücken, so daß Küchlein von ca. 5 mm Höhe entstehen.

Die eine Seite auf der Herdplatte Farbe nehmen lassen, dann im Ofen ca. 2—3 Minuten weitergaren. Die Pfanne wieder auf den Herd stellen, die Küchlein wenden und auch die zweite Seite goldbraun braten.

Pommes Maxim

Pommes Maxim passen zu jeder Art von gebratenem Fleisch.

Béchamelsauce
1 EL Butter · 1 EL Mehl · 0,15 l Milch · Salz

Kartoffeln
Butter für die Förmchen · 600 g große
mehlige Kartoffeln · Salz · 6 EL Béchamelsauce ·
Pfeffer · Muskatnuß · Öl zum Braten

Butter zerlassen und das Mehl darin anschwitzen, aber keine Farbe nehmen lassen. Mit der Milch auffüllen, alles mindestens 20 Minuten köcheln, damit der Mehlgeschmack verschwindet. Zum Schluß salzen.

Förmchen (von 5—6 cm Ø) mit Butter auspinseln. Kartoffeln schälen, in Scheiben schneiden und nur wenig kleiner als die Förmchen ausstechen. Kurz in stark gesalzenem Wasser blanchieren, abgießen und auf einem Tuch gut abtrocknen. Mit der Béchamelsauce mischen und mit Salz, Pfeffer, Muskat abschmecken. Die Scheiben fest in die Förmchen einschichten.

Öl in einem flachen feuerfesten Gefäß erhitzen und die Förmchen einsetzen, so daß sie bis zu ¼ ihrer Höhe im Öl stehen. Im Ofen bei 250°C ca. 1 Stunde garen.
Die Pommes Maxim zum Servieren stürzen. Sie sollten ringsum eine schöne braune Farbe haben.

Bemerkung:

Die Kartoffelbeilage kann gut vorbereitet werden, da man sie nach dem Garen lange im Öl warm halten kann, ohne daß ein Qualitätsverlust eintritt.

Brandteig-Kartoffeln mit Spinat

Sie werden in heißem Öl gegart, wobei die richtige Temperatur (ca. 160°C) sehr wichtig ist, damit die Kartoffelnocken außen goldbraun und innen gar sind.
Deshalb entweder ein geeignetes Fett-Thermometer benützen oder mit einem Holzlöffel prüfen: wenn langsam Bläschen daran emporsteigen, ist die richtige Temperatur erreicht.

Brandteig
0,1 l Milch · 35 g Butter · Salz · Muskatnuß ·
70 g Mehl · 3 Eier · 600 g Kartoffeln ·
100 g Spinat ohne Stiele · 30 g Butter · Öl
zum Ausbacken

Die Milch mit der Butter und den Gewürzen zum Kochen bringen, das Mehl zugeben. So lange rühren, bis der Teig einen Kloß bildet und sich von der Topfwand löst. Auf ca. 50°C abkühlen lassen, erst dann die Eier einzeln zufügen und unterarbeiten, bis der Teig glänzt und weich vom Löffel fällt.

Kartoffeln schälen und in Salzwasser garen. Abgießen, pürieren oder durch eine Kartoffelpresse drücken. Das Kartoffelpüree unter die Brandteig-Masse mischen und nochmals abschmecken.

Den Spinat waschen, die Butter in einem großen Topf erhitzen und den tropfnassen Spinat darin weich dämpfen. Salzen, auf einem Sieb gut ausdrücken und anschließend fein hacken. Den Spinat unter die Kartoffel-Brandteig-Masse mischen.

Fertigstellung:

Das Öl in einem Topf erhitzen. Mit einem Eßlöffel Nocken von der Masse abstechen und im heißen Öl bei ca. 170°C ausbacken.

Bemerkung:

Ich empfehle diese Beilage zu kurzgebratenem Fleisch.

Gratin Dauphinois

Paßt zu jedem gebratenen Fleisch, das von wenig oder gar keiner Sauce begleitet wird.

500 g Kartoffeln · 1 Knoblauchzehe · Salz ·
Pfeffer · 0,6 l Sahne

Die Kartoffeln schälen und in dünne, gleichmäßige Scheiben schneiden. Eine flache Form mit der Knoblauchzehe ausreiben, salzen, die Kartoffeln ziegelartig einschichten und auch diese salzen und pfeffern. Sahne aufkochen und über die Kartoffeln gießen. Im Wasserbad im vorgeheizten Ofen bei 220°C ca. 1½ Stunden garen.

Ca. 30 Minuten außerhalb des Ofens stehenlassen, dann die überschüssige Sahne abgießen und vor dem Servieren nochmals kurz im Backofen erhitzen.

Orientalischer Reis

Nehmen Sie Basmati-Reis (in China- oder Asienläden erhältlich), einen besonders schlanken Langkornreis aus Pakistan
oder Bangladesh. Er paßt sehr gut zu Curry-Gerichten.

*0,1 l Olivenöl · 50 g Fadennudeln · 160 g Basmati-
Reis, ungeschliffen · ¼ l Geflügelbrühe ·
Salz · 2 EL Rosinen · 0,1 l schwarzer Tee ·
2 EL Ananaswürfel · ½ Banane, gewürfelt ·
2 EL Pinienkerne · 1 EL Mandeln, gehobelt und
geröstet · 1 EL Pistazienkerne · Ananassaft · 30 g Butter*

In einem Topf (ca. 30 cm Ø) das Öl erhitzen und die grob
zerbrochenen Fadennudeln darin bräunen. Das überflüssige Fett abgießen, den Reis zugeben, mit der Brühe aufkochen und salzen. Dann im vorgeheizten Ofen bei ca. 200°C
20 Minuten zugedeckt garen.
Die Rosinen im schwarzen Tee einweichen.

Fertigstellung:

Den gegarten Reis mit den verschiedenen Früchten und
Nüssen, dem Ananassaft und der kalten Butter gut vermengen, heiß servieren.

Petersilienpüree

Der Petersilie wird hier ein Teil Spinat beigemischt, damit sie nicht zu sehr vorschmeckt.

*200 g krause Petersilie · 40 g glatte
Petersilie · 50 g Spinat ohne Stiele · 1 Schalotte ·
20 g Butter · ½ l Crème double · Salz ·
Pfeffer · 2 EL geschlagene Sahne*

Die gezupfte Petersilie und den entstielten Spinat waschen, kurz blanchieren und sofort in Eiswasser abschrecken. Gut ausdrücken und hacken.
Die feingeschnittene und gewaschene Schalotte in Butter andünsten, ohne sie Farbe nehmen zu lassen. Die Petersilie und den Spinat zugeben, mit Crème double aufgießen und zum Kochen bringen. Auf die Hälfte reduzieren und anschließend im Mixer pürieren. Mit Salz und Pfeffer abschmecken.

Fertigstellung:
Die geschlagene Sahne unter das Püree ziehen.

Selleriepüree

Besonders gut zu Lamm, Wild und Wildgeflügel.

*500 g Sellerie · Salz · 5 EL Crème double ·
80 g braune Butter · 1 EL geschlagene Sahne*

Die Sellerieknolle schälen, klein schneiden und in wenig Salzwasser dünsten, bis sie weich und das Wasser verdampft ist.
Crème double zugeben, kurz mitkochen und im Mixer sehr fein pürieren.
Die braune Butter unterziehen, nachwürzen und die geschlagene Sahne unterheben.

Maronenpüree

Die besten Maronen stammen aus Deutschland: aus Baden und aus der Pfalz. Sie sind wesentlich kleiner als die aus dem Süden importierten Früchte, aber auch viel aromatischer.

1 EL Salz · 1 EL Zucker · 400 g frische
Maronen · ¼ l Crème double · 3 EL geschlagene
Sahne · 1 TL Kirschwasser

Ca. 2 l Wasser mit Salz und Zucker aufkochen und die Maronen in ihrer Schale (nicht eingeschnitten) darin gut weich kochen.
Das Wasser abgießen, die Maronen halbieren und das Fleisch mit einem Löffel herauskratzen. Sofort mit der Crème double vermischen und durch ein Haarsieb passieren. In einer Sauteuse erhitzen, Schlagsahne und Kirschwasser unterheben.

Bemerkung:
Das Maronenpüree als Beilage zu Wild und Geflügel servieren.

Püree von Grünkohl
und Wirsing

Eine Beilage, die hervorragend zu Wildgeflügel paßt.

600 g geputzte innere Wirsingblätter ·
Salz · 300 g geputzter Grünkohl · ½ l Crème
double · Pfeffer · Muskatnuß · 2 EL ge-
schlagene Sahne

Die geputzten Wirsingblätter ohne Strunk in Salzwasser weich kochen und in Eiswasser abschrecken. Gut ausdrücken und fein hacken.

In gleicher Weise mit dem Grünkohl verfahren.

Beide Gemüse in einem Topf mit der Crème double verrühren und gut durchkochen lassen. Mit dem Pürierstab oder im Mixer pürieren, mit Salz, Pfeffer und Muskatnuß abschmecken.

Die geschlagene Sahne unterziehen.

Rosenkohlblätter in Sahne mit Speckwürfelchen

Rosenkohl schmeckt am besten, wenn er Frost bekommen hat — ab November bis in den späten Januar.

400 g Rosenkohl · Salz · 40 g durchwachsener Speck · 0,15 l Sahne · Muskatnuß

Die einzelnen Rosenkohlblätter von den Röschen lösen. In Salzwasser kochen, so daß sie noch etwas Biß haben. Abgießen und gut abtropfen lassen.

Den Speck in sehr feine Würfel schneiden und in kochendem Wasser kurz blanchieren. Abpassieren und auf einem Tuch gut ausdrücken.

Die Sahne auf die Hälfte reduzieren, die Speckwürfel beigeben, mit wenig Salz und Muskat abschmecken. Die Rosenkohlblätter unter die Sahne mischen.

Bemerkung:
Die Beilage paßt hervorragend zu Reh, Taube oder Kaninchen.

Schwarzwurzeln polnisch

Schwarzwurzeln schmecken — wie jedes Wintergemüse — am besten nach dem ersten Frost.

800 g Schwarzwurzeln · Milch · Salz

Butterbrösel

80 g Weißbrot (2 Tage alt) · 150 g Butter · Salz

Die Schwarzwurzeln waschen, schälen und sofort bis zum Kochen in Milch legen, damit sie nicht braun werden. In 4 cm lange Stücke schneiden und in leicht gesalzenem Wasser nicht zu weich kochen.

Das Weißbrot entrinden, fein reiben und durch ein Haarsieb schütteln. Die Butter in einer Kasserolle erhitzen und die Brösel langsam unter ständigem Rühren goldbraun rösten. Mit Salz abschmecken.

Fertigstellung:

Die Schwarzwurzeln gut abtropfen lassen. Die Butterbrösel darüber verteilen, so daß die Schwarzwurzeln damit überzogen sind.

Bemerkung:

Arbeiten Sie beim Putzen der Schwarzwurzeln mit Gummihandschuhen, sonst bekommen Sie schwarze Finger!

Artischocken-Apfel-Gratin

Am besten eignen sich dafür die kleinen aromatischen Artischocken aus Süditalien. Sie sind grünlich-lila und haben oft ausgeprägte Dornen an den Blattspitzen.

1 Apfel · 2 Artischockenböden ·
1 EL Olivenöl · 0,3 l Sahne · 8 halbe Aprikosen ·
1 kleine Prise Salz

Den Apfel schälen, vierteln, das Kerngehäuse entfernen und die Viertel quer in Scheiben schneiden. Die Artischockenböden ebenfalls in Scheiben schneiden und in Olivenöl anschwitzen.

Die Sahne aufkochen. Äpfel, Artischocken und Aprikosenhälften oder -viertel in eine flache Gratin- oder Pieform einschichten, salzen und mit der heißen Sahne aufgießen, bis alles gut bedeckt ist.

Bei 150°C im Wasserbad etwa 1 Stunde im Ofen lassen, bis die Oberfläche gratiniert. Ca. 30 Minuten außerhalb des Ofens stehenlassen, die überschüssige Sahne abgießen und vor dem Servieren im Ofen kurz erhitzen.

Bemerkung:
Diese ungewöhnliche Beilage paßt besonders gut zu Wild.

Kürbisgemüse

Auf dem Münchner Viktualienmarkt kann man Kürbis noch vom halbzentnerschweren Stück portionsweise abgeschnitten kaufen. Lassen Sie sich die Kerne mit einpacken: gewaschen, gut abgetrocknet, in wenig Öl in der Pfanne geröstet, schmecken sie köstlich zu einem Glas Wein.

300 g Kürbis, ohne Schale · 50 g Butter ·
4 Tomaten · Salz · 2—3 Basilikum-
blätter

Den Kürbis in ca. 5 × 5 cm große Würfel schneiden und in der Butter ansautieren.
Die Tomaten enthäuten, entkernen, ebenfalls würfeln, kurz mitdünsten und salzen.
Das Basilikum in feine Streifen schneiden und zum Schluß zugeben.

Bemerkung:
Diese Beilage eignet sich besonders zu Geflügel, wie z.B. der Poularde in Rosmarinsauce auf Seite 192.

Zwiebel-Confit

Paßt zu gekochtem Fleisch, zum Beispiel zu Lamm.

270 g weiße Zwiebeln, geputzt · 180 g Butter ·
5 cl Wasser · Salz

Die Zwiebeln halbieren und in Streifen schneiden. Gründlich waschen und mit der Butter und den 5 cl Wasser in einer Sauteuse weich dünsten. Mit Salz abschmecken.

Tomaten,
gefüllt mit Ratatouille

Verwenden Sie dafür festfleischige Gärtnertomaten aus einheimischem Anbau. Bewahren Sie übrigens Tomaten nie im Kühlschrank auf: Kälte schadet ihrem Aroma.

*4 kleine Tomaten · 1 Zucchini · 1 gelbe
Paprikaschote · 2 EL Butter oder Olivenöl ·
1 geschälte Knoblauchzehe · Salz ·
Pfeffer · 100 g Weißbrot (2 Tage alt) · 2—3 Blätter
Basilikum · sehr wenig Thymian*

Die Tomaten enthäuten (falls sich die Haut nicht gut abziehen läßt, vorher überbrühen und sofort eiskalt abschrekken) und am Stielansatz eine Kappe abschneiden, so daß man mit einem kleinen Löffel die Kerne herausschaben kann.

Zucchini schälen. Von der Paprikaschote die Haut ablösen, indem man die Schote in heißes Öl taucht und dann in Eiswasser abschreckt. So läßt sich die Haut leicht entfernen.

Zucchini, Paprika und die Tomatenabschnitte in kleine Würfel schneiden und in 1 EL Butter oder dem Olivenöl anschwitzen. Die geschälte Knoblauchzehe auf eine Gabel spießen und damit einmal durch das Gemüse fahren. Mit Salz und Pfeffer abschmecken.

Die Tomaten mit Ratatouille füllen und außen würzen. Das Weißbrot reiben, Basilikum und Thymian sehr fein schneiden und unter das Brot mischen. Die Tomaten darin wälzen, in eine flache Kasserolle setzen, mit Butterflöckchen belegen oder mit Olivenöl beträufeln und im Ofen leicht Farbe nehmen lassen.

Bemerkung:

Die gefüllten Tomaten schmecken besonders gut zu Lamm oder gebratenem Geflügel.

Spargel in Bröselbutter

Bei Spargel ist der teuerste der billigste: Dicke Stangen bringen weniger Abfall, machen weniger Mühe beim Schälen und haben mehr Aroma.

Ob Spargel frisch ist, können Sie hören: Er klingt satt und dumpf, wenn Sie die Stangen aneinanderklopfen, alter Spargel hingegen produziert einen hohlen Klang.

Spargel

1 TL Zucker · Salz · Saft von ½ Zitrone ·
1 kg Stangenspargel, frisch gestochen · 1 Stück
Weißbrot

Bröselbutter

40 g Weißbrot (2 Tage alt) · 40 g Brioche (2 Tage
alt) · 150 g Butter · Salz

In einem Topf (ca. 30 cm Ø) reichlich Wasser zum Kochen bringen, mit Zucker, Salz und dem Saft einer halben Zitrone würzen. Den Spargel und das Stück Weißbrot zugeben und ca. 10 Minuten stark kochen.
(Das Brot entzieht eventuell vorhandene Bitterstoffe.)

Weißbrot und Brioche für die Bröselbutter entrinden und fein reiben. In einer Sauteuse (möglichst aus Kupfer) die Butter schmelzen und die Brösel darin langsam bräunen. Zum Schluß mit Salz abschmecken.

Fertigstellung:

Spargel auf ein Tuch geben und abtropfen lassen. Auf Tellern anrichten und die heißen Butterbrösel darüber verteilen.

Gedämpfter Staudensellerie mit Mark

Paßt zu kurzgebratenem Fleisch, zu dem keine Sauce serviert wird.

*1 Staude Bleichsellerie · 20 g Karotte,
geputzt · 20 g Lauch, geputzt · 20 g Zwiebel,
geputzt · 20 g Butter · Salz · ¼ l Fond blanc · ca.
40 g Butter · Kerbel · Basilikum · 50 g Ochsenmark · Pfeffer*

Die Selleriestaude in die einzelnen Stangen teilen, diese schälen und in ca. 8 cm lange Stücke schneiden.

Karotte, Lauch und Zwiebel putzen, fein würfeln und in 20 g Butter ansautieren. Den Staudensellerie zugeben, salzen und mit dem Fond blanc auffüllen.

Im vorgeheizten Backofen bei ca. 200°C ca. 25 Minuten zugedeckt dämpfen. Die Selleriestücke aus dem Garsud nehmen und warm stellen. Den Sud abpassieren, um die Gemüsewürfel zu entfernen. Auf dem Herd die kalte Butter in kleinen Stücken in die Flüssigkeit einschwenken, um eine leichte Bindung zu erzielen. Die feingeschnittenen Kräuter beigeben.

Das Ochsenmark in kochendem Wasser kurz blanchieren und gut abtropfen lassen. Mit Pfeffer und Salz würzen.

Fertigstellung:

Die Selleriestücke auf Tellern anrichten, die Ochsenmarkscheiben darauf verteilen und mit der Sauce überziehen.

Gebackene Auberginen

Ob Auberginen frisch sind, können Sie fühlen: sie sind fest und liegen schwer in der Hand. Weiche, gar schrumpelig gewordene Früchte sollten Sie nicht kaufen, sie sind innen wattig und werden nach dem Backen matschig.

200 g Kastenweißbrot (2 Tage alt) · 2 Eier ·
2 mittelgroße Auberginen · Salz · Pfeffer ·
50 g Mehl · Öl zum Ausbacken

Weißbrot entrinden, fein reiben und sieben. Die Eier verquirlen.

Die Auberginen quer halbieren, die Hälften der Länge nach vierteln und diese Stücke in Schiffchenform tournieren, wobei die dunkle Schale mit entfernt wird. Die Schiffchen salzen, pfeffern, mehlieren und durch das Ei ziehen. Abtropfen lassen und in den Brotbröseln wälzen.

In heißem Öl bei ca. 170°C ausbacken.

Bemerkung:

Diese Beilage paßt besonders gut zu kurzgebratenem Fleisch, speziell zu Lamm.

Desserts

Schokoladen-Terrine mit Minzesauce und Walderdbeeren

Nehmen Sie vorzugsweise die milde und aromatische rotblättrige Minze oder auch arabische Minze — auf keinen Fall paßt die scharfe Pfefferminze, die in unseren Gärten häufiger zu finden ist.

Für 6—8 Personen:

Terrine

325 g Couverture · 3 Eiweiß · 50 g Zucker ·
¹/₂ l Crème double · 1 TL Zucker

Minzesauce

1 Bund Minze · ¹/₂ l Sahne · Crème de
menthe-Likör · Zucker · 1 EL geschlagene Sahne

Garnitur

1 Schälchen Walderdbeeren · 6—8 Minzeblätter

Die Couverture in einer Metallschüssel im Wasserbad schmelzen. In einer weiteren Schüssel die 3 Eiweiß mit 50 g Zucker und in einer anderen Schüssel die Crème double mit 1 TL Zucker steif schlagen. Die geschlagene Crème double unter den Eischnee ziehen. Die Schüssel mit der heißen Couverture aus dem Wasserbad nehmen und mit der Hand die Eiweiß-Sahne-Mischung unterziehen. Falls sich diese nur schwer mit der Couverture bindet, liegt dies daran, daß die Schokolade dabei zu schnell erkaltet, geben Sie dann die Schüssel während des Vermischens nochmals kurz in das Wasserbad. In eine Terrinen-Form füllen und in den Kühlschrank stellen.

Die Minzeblätter von den Stengeln zupfen und in feine Streifen schneiden. Die Sahne einmal kurz aufkochen, die Minze zugeben und im Mixer kräftig aufschlagen. Die Minze-Sahne langsam auskühlen lassen und mit dem Likör, ganz wenig Zucker und Zitronensaft abschmecken.

Fertigstellung:

Die Terrine stürzen und 30 Minuten vor dem Servieren noch außerhalb des Kühlschranks stehenlassen. Die geschlagene Sahne unter die Minzesauce ziehen und je ca. 4 EL auf kalte Teller geben. Die in Scheiben geschnittene Terrine darauf anrichten und mit reichlich Walderdbeeren und den Minzeblättern garnieren.

Mousse von weißer Schokolade mit Walderdbeeren

Hierfür brauchen Sie weiße Couverture, die Sie in gut sortierten Delikateß- oder Confiserie-Läden bekommen. Mit handelsüblicher weißer Schokolade gelingt die Mousse nicht.

Mousse

45 g Butter, weich · 15 g Staubzucker ·
2 Eigelb (Zimmertemperatur) · 90 g weiße
Couverture · 3 EL Kirschwasser, lauwarm ·
200 g geschlagene Sahne

Garnitur

1 Schälchen Walderdbeeren · 12 kleine Minzeblätter (s. S. 242 oben)

Butter und Staubzucker schaumig schlagen, Eigelb zugeben und ca. 5 Minuten weiterschlagen. Die Couverture in grobe Stücke schneiden und in einer Metallschüssel im Wasserbad schmelzen. Mit dem Schneebesen das Kirschwasser und die geschmolzene Couverture unter die Butter-Eigelb-Masse ziehen, zum Schluß die geschlagene Sahne unterheben.

Die Mousse in eine flache Schüssel füllen und zum Erkalten für mindestens 2—3 Stunden in den Kühlschrank stellen.

Fertigstellung:

Mit einem immer wieder in heißes Wasser getauchten Löffel Nocken aus der Mousse stechen.

Jeweils drei davon auf kalten Tellern anrichten und mit den Walderdbeeren und den Minzeblättern garnieren.

Crêpes
mit Orangen überbacken

Die Crêpes in einer kleinen, möglichst eisernen Pfanne backen, die Sie ausschließlich für Eiergerichte in Ihrer Küche verwenden. Darin können die Crêpes garantiert nicht ansetzen.

Orangensauce

4 Orangen, kernlos · 2—3 EL Zucker ·
$^1/_2$ TL Kartoffelmehl · 1 TL Grand Marnier ·
0,1 l geschlagene Sahne

Crêpes

6 cl Milch · 0,1 l Sahne · 60 g Mehl ·
2 Eier · 1 Prise Salz · 1 EL braune Butter ·
Butter zum Backen

Die Orangen wie Äpfel schälen, so daß nichts von der weißen Haut zurückbleibt. Die einzelnen Filets zwischen den Häuten herausschneiden. Mit der Hand die verbliebenen Orangenreste ausdrücken und den Saft auffangen. Die Filets auf einem Sieb gut abtropfen lassen. 0,2 l von dem gewonnenen Orangensaft abmessen und mit dem Zucker zum Kochen bringen. Auf die Hälfte reduzieren.

Das Kartoffelmehl in wenig Wasser auflösen und den Saft ganz leicht damit binden. Den Grand Marnier und die Orangenfilets beigeben und abkühlen lassen.

Milch, Sahne, Mehl, Eier und Salz zu einem glatten Teig verrühren. Die braune Butter langsam zugeben. Aus dem Teig dünne Crêpes backen.

Fertigstellung:

Die geschlagene Sahne unter die Orangensauce ziehen. Die Crêpes mit wenig Orangensahne füllen, mit dem Rest bedecken und bei starker Oberhitze im Ofen oder unter dem Grill gratinieren.

Topfenpalatschinken gratiniert

Ein gehaltvolles Dessert. Servieren Sie es nach einem leichten Hauptgericht.

Palatschinken

6 cl Milch · 0,1 l Sahne · 2 Eier · 1 Prise Salz ·
20 g braune Butter · Butter zum Backen

Füllung

45 g Puderzucker · 25 g Butter · 2 Eigelb ·
125 g Quark (25 %) · abgeriebene Schale von
½ Zitrone · 100 g Crème fraîche

Gratinmasse

¼ l Sahne · 1 Vanillestange · 40 g Zucker ·
4 Eigelb · 2 EL geschlagene Sahne ·
4 EL Sultaninen (in Rum eingeweicht)

Milch, Sahne, Mehl, Eier und Salz zu einem glatten Teig verrühren. Die braune Butter langsam zugeben.

25 g Puderzucker, Butter und Eigelb schaumig rühren. Den Quark mit der abgeriebenen Zitronenschale beigeben. Eigelb mit dem restlichen Zucker zu steifem Schnee schlagen und nach und nach vorsichtig unter die Quarkmasse ziehen. Zum Schluß die Crème fraîche beifügen.

Die Sahne für die Gratinmasse erhitzen und das ausgekratzte Mark der Vanillestange darin ziehen lassen. Zucker und Eigelb schaumig rühren, die heiße Vanillesahne langsam während des Schlagens zugeben, so daß eine leichte Bindung entsteht. Nach dem Erkalten die geschlagene Sahne unterziehen.

Fertigstellung:

Aus dem Teig dünne Palatschinken backen. Diese mit ca. 3 EL der Quarkmasse füllen, mit Sultaninen bestreuen und zur Hälfte einschlagen. Die Palatschinken auf feuerfeste Teller oder in eine flache Auflaufform legen und ca. 8 Minuten im Ofen backen, dann mit der Gratinmasse bedecken und bei 220°C im Ofen gratinieren. Sofort servieren!

Claire Fontaine à l'Orange
Grand-Marnier-Creme mit Orangenscheiben

Weil nach dem Stürzen der geklärte Saft wie aus einer klaren Quelle über die Creme fließt, hat das Dessert diesen poetischen Namen.

3 große Orangen, süß, kernlos, mit dünner Schale, unbehandelt

Sud/Sauce
0,4 l Orangensaft · 0,1 l Wasser · 60 g Zucker

Creme
4 Eigelb · 70 g Zucker · 4 Blatt Gelatine ·
50 g Grand Marnier · 300 g geschlagene Sahne

Garnitur
Walderdbeeren

Die Orangen mit Schale in dünne Scheiben (ca. 2 mm) schneiden. Am besten geht das mit einer elektrischen Aufschnittmaschine. Nur die schönen Scheiben in einem flachen Gefäß ausbreiten. Den Rest auspressen und für Sud/Sauce mitverwenden.

Den Orangensaft mit Wasser und Zucker zum Kochen bringen und den Schaum dabei abschöpfen. Den Sud sehr heiß

über die Orangenscheiben gießen und diese einen halben Tag darin ziehen lassen.

Falls die Scheiben dann noch nicht weich sind, muß der Sud nochmals abpassiert, erhitzt und wieder über die Orangen gegossen werden, damit diese noch eine Weile durchziehen. Danach die Flüssigkeit durch ein Tuch passieren, eventuell etwas einkochen, damit sie später als klare Sauce verwendet werden kann. Die Orangenscheiben gut abtropfen lassen und vier Portionsschälchen damit auslegen.

Die Eigelb mit dem Zucker schaumig schlagen, die Gelatine ca. 5 Minuten in kaltem Wasser einweichen. Grand Marnier leicht erwärmen (ca. 50°C) und die ausgedrückte Gelatine darin auflösen. Wieder abkühlen lassen und mit der geschlagenen Sahne unter den Eigelb-Schaum ziehen. Die Creme in die ausgekleideten Portionsschälchen füllen und zum Erstarren in den Kühlschrank stellen. Das dauert ca. 1 Stunde.

Fertigstellung:

Heißes Wasser vorsichtig über die Außenseite der Schälchen laufen lassen und die »Claire Fontaine« auf große flache Teller stürzen. Mit 2—3 EL Sauce begießen und mit Walderdbeeren garnieren.

Nach Belieben können als Garnitur auch Stückchen von Angelika (Engelwurz) und eine Rose aus Orangenschalen verwendet werden.

Zwetschgen-Terrine
mit Rumsahne

Man sollte für diese Terrine unbedingt Zwetschgen verwenden, jene dunkelbraunen, spitz zulaufenden Früchte, die erst spät im Jahr — ab Mitte September — reif werden. Pflaumen sind dafür nicht geeignet.

Für 6—8 Personen:

Zwetschgen-Terrine

400 g reife Zwetschgen · 30 g Zucker ·
2 Blatt Gelatine · abgeriebene Schale von
1 Orange · 12 g gehobelte Mandeln ·
8 g geriebene Pistazien · 1 cl Armagnac ·
1 cl Slivovitz

Rumsahne

¼ l Sahne · 1 TL Puderzucker · 4 cl Rum

Die Zwetschgen halbieren, entsteinen und mit dem Zucker weich kochen. Abgießen und den Sud auffangen. Diesen so lange reduzieren, bis nur noch ein dickflüssiger Sirup zurückbliebt.
Die Gelatine in kaltem Wasser einweichen, auspressen und in dem warmen Sirup (ca. 60°C) auflösen. Die abgeriebene Schale der Orange mit Mandeln, Pistazien und Spirituosen zugeben. Die Zwetschgen mit dem Sirup mischen und zusammen in eine Terrine oder Kastenform (Backform) füllen. Für mindestens 4 Stunden kalt stellen.

Die Sahne mit dem Zucker halbsteif schlagen und mit dem Rum vermischen.

Fertigstellung:
Die Zwetschgen-Terrine stürzen, in Scheiben schneiden und mit der Rumsahne servieren.

Quarkknödel
auf Rhabarberkompott

Am besten schmeckt der erste junge dunkelrote Freiland-Rhabarber, den es ab April zu kaufen gibt. Der dünne helle Treibhaus-Rhabarber, der schon vorher angeboten wird, ist zu fade.

Rhabarberkompott
500 g Rhabarber · 100 g Zucker · 1 Msp Zimt ·
½ Vanillestange (Mark) · 3 EL Erdbeermark*

Quarkknödel
700 g Magerquark · 50 g zimmerwarme
Butter · 3 Eier · Salz · Saft und abgeriebene
Schale von ½ Zitrone · 3 EL Zucker ·
150 g Weißbrot, 2 Tage alt, ohne Rinde, gerieben

Butterbrösel
120 g Butter · 100 g Semmelbrösel · 80 g Zucker ·
1 TL Zimt

Garnitur
2 EL Puderzucker

Den Rhabarber schälen und in 1—2 cm dicke Scheiben schneiden. Mit dem Zucker bestreuen und mindestens 1 Stunde Saft ziehen lassen. Zusammen mit dem Zimt und dem Mark der Vanillestange bis zu einmaligem Aufkochen erhitzen und wieder abkühlen lassen. Eventuell noch mit etwas Zucker abschmecken.
Zur Geschmacksverbesserung sollte das Kompott einen halben Tag stehen.

Den Quark in einem Tuch sehr gut ausdrücken, so daß er möglichst trocken wird. Durch ein Sieb passieren und mit

---

* *Erdbeeermark* gibt es in guten Geschäften fertig zu kaufen.

der Butter und den Eiern gut verrühren. 20 Minuten stehenlassen und in dieser Zeit mehrmals kräftig durchschlagen. Mit etwas Salz, Zitrone, Zucker und den Bröseln vermengen, nochmals 30 Minuten stehenlassen. Gut durchrühren, Knödel formen und in leise kochendem Salzwasser ca. 12 Minuten garen.

Die Butter in einer flachen Sauteuse schmelzen und die Brösel darin goldgelb rösten. Zum Schluß Zucker und Zimt untermischen.

Fertigstellung:
Die Knödel auf Tellern anrichten, die Brösel darüber verteilen und mit Puderzucker bestäuben.
Das Rhabarberkompott mit dem Erdbeermark vermischen und zu den Quarkknödeln reichen.
Nach Belieben können auch Stückchen von Angelika (Engelwurz) als Garnitur verwendet werden.

Grand-Marnier-Parfait mit Rhabarberkompott und Walderdbeeren

Das ideale Dessert für Gäste — es ist schon fix und fertig, wenn sie kommen, und muß nur noch angerichtet werden.

Parfait
2 Eigelb · 50 g Zucker · 40 g Grand Marnier (4 EL) · $\frac{1}{4}$ l geschlagene Sahne

Rhabarberkompott
500 g Rhabarber (ca. 3 Stangen) · 100 g Zucker · 1 Msp Zimt · $\frac{1}{2}$ Vanillestange (Mark)

Die Eigelb mit dem Zucker im heißen Wasserbad nur ganz kurz lauwarm schlagen, dann mindestens 5 Minuten bis zum völligen Erkalten weiterschlagen. Grand Marnier sowie die geschlagene Sahne unterziehen und die Masse in kleine Förmchen (7—10 cm Ø) füllen. Zum Gefrieren in das Tiefkühlgerät stellen.

Den Rhabarber schälen und in ca. 1 cm dicke Scheiben schneiden. Mit Zucker bestreuen und Saft ziehen lassen. Zusammen mit dem Zimt und dem Mark der halben Vanillestange bis zu einmaligem Aufkochen erhitzen und wieder abkühlen lassen. Eventuell noch mit etwas Zucker abschmecken.
Zur Geschmacksverbesserung sollte das Kompott mindestens einen halben Tag stehen.

Fertigstellung:

Das gefrorene Parfait auf vorgekühlte Teller stürzen, mit dem Rhabarberkompott umlegen und mit reichlich Walderdbeeren und der Minze garnieren.

Bemerkung:

Keine Pfeffer-, sondern eine aromatische Minze verwenden (s. S. 242).

Birne in der Folie
mit Vanilleeis

Birnen verderben rasch, deshalb verkauft man sie heutzutage meist unreif, solange ihr Fleisch noch hart ist. Man muß sie einige Tage bei Zimmertemperatur liegen lassen, bis sie nachgereift sind. Die Schale färbt sich dann gelb, und die Birnen beginnen zu duften.

Birnen

8 EL Aprikosenmarmelade · ½ Zitrone ·
4 EL Wasser · 2 reife Williamsbirnen ·
Aluminiumfolie · 2 Vanillestangen

Vanilleeis

0,35 l Sahne · ¼ l Milch · 0,1 l Kondens-
milch · 2 Vanillestangen · 70 g Zucker · 2 Eier ·
4 Eigelb · 50 g Zucker

Die Aprikosenmarmelade auf dem Herd durch Erhitzen flüssig machen und zusätzlich mit dem Saft der halben Zitrone und dem Wasser verdünnen. Gut glattrühren. Die Birnen schälen, halbieren, das Kerngehäuse entfernen und die Früchte in 1—2 cm dicke Scheiben schneiden. Für jede Birnenhälfte aus der Folie Kuverts von ca. 25 cm² falten. Die Birnenscheiben einer Hälfte einlegen, mit der Marmelade bestreichen, je eine halbe Vanillestange mit dem ausgelösten Mark darauf verteilen und das Kuvert sorgfältig schließen. Dabei die Ränder mehrmals umfalzen, damit beim Garen kein Dampf entweicht.

Sahne, Milch, Kondensmilch und das Mark der Vanillestangen mit 70 g Zucker zum Kochen bringen. In einer Metallschüssel Eier, Eigelb und 50 g Zucker schaumig schlagen. Die sehr heiße Milch langsam in dünnem Strahl während des Schlagens zugießen. Die Schüssel in ein Wasserbad geben und die Masse auf dem Herd zur »Rose abziehen« (so dick schaumig rühren, daß in der Creme tiefe Spuren sichtbar bleiben). Durch ein Tuch passieren und abkühlen lassen. In der Eismaschine gefrieren.

Fertigstellung:

Die Birnen im vorgeheizten Ofen bei 210°C so lange garen, bis die Kuverts sich ballonartig aufblasen. Dies geschieht nach ca. 10—15 Minuten. Die Birnen in der Folie rasch zu Tisch tragen, dort öffnen und auf Tellern servieren. Das Vanilleeis getrennt reichen.

Himbeeren in Feigen auf Mandelschaum

Die Früchte bei Zimmertemperatur servieren, damit sie ihr volles Aroma entwickeln können.

Feigen
4 reife blaue Feigen · 1 Schälchen Himbeeren ·
Himbeergeist · eventuell Puderzucker

Mandelschaum
¹/₄ l Schlagsahne · Mandelmilchsirup · einige
Tropfen Bittermandelessenz

Die Feigen schälen und vierteln. Die Himbeeren verlesen, nur wenn nötig, waschen.

Die Sahne halbsteif schlagen, mit dem Sirup und wenig Essenz aromatisieren.

Fertigstellung:

Den Mandelschaum auf tiefen, gekühlten Tellern verteilen. Die Feigenviertel sternförmig darauf anrichten. Die Himbeeren in etwas Himbeergeist und eventuell wenig Puderzucker kurz erhitzen und auf der Feigenmitte anrichten.

Armagnac-Pflaumen mit Karamelsauce und Limonen-Sorbet

Kaufen Sie für die Armagnac-Pflaumen französische Pruneaux d'Agen (in Feinkostläden erhältlich) möglichst mit Stein. Die Kerne nachher auszulösen, macht zwar etwas Mühe, aber diese Früchte schmecken am besten.

Armagnac-Pflaumen
24 Trockenpflaumen · ½ l Armagnac

Karamelsauce
125 g Zucker · 50 g Butter · 0,2 l Sahne ·
1 Eigelb · 5 cl Milch

Limonen-Sorbet
½ l Wasser · 250 g Zucker · ¼ l Limonensaft ·
1 EL Eiweiß

Garnitur
etwas flüssige Couverture · 8 große Minzeblätter
(s. S. 242)

Die Trockenpflaumen entsteinen. Den Armagnac auf ca. 60°C erwärmen, jedoch nicht kochen lassen. Über die Pflaumen gießen. Das Gefäß gut abdecken und 2—3 Tage stehenlassen. Dann die Flüssigkeit abpassieren, erneut erwärmen, wieder über die Pflaumen gießen und diese weiter darin ziehen lassen. Diesen Vorgang wiederholen Sie im Laufe von mindestens zwei Wochen noch zweimal. Das Gefäß sollte immer gut zugedeckt sein, damit der Armagnac nicht verdunstet.

Den Zucker mit der Butter in einer Kupferkasserolle langsam karamelisieren. Achten Sie darauf, daß der Karamel nicht zu dunkel wird. Die Sahne nach und nach einrühren (Vorsicht, spritzt!) und einmal aufkochen. Die Sauce abkühlen lassen, bis sie lauwarm ist, und dann mit dem Eigelb und der Milch im Mixer aufschlagen.

Das Wasser mit dem Zucker aufkochen und vom Feuer nehmen. Den Limonensaft in das heiße Zuckerwasser gießen und ca. 2 Stunden ziehen lassen. Durch ein Haarsieb passieren und nur lau (ca. 30–40°C) erwärmen. Nun das Eiweiß mit einem Schneebesen einrühren und die Mischung in der Eismaschine gefrieren lassen. Wenn Sie keine Eismaschine haben, können Sie auch fertiges Zitroneneis verwenden.

Fertigstellung:

Mit der Karamelsauce einen Spiegel auf große, kalte Teller gießen und den Rand mit Hilfe einer kleinen Tüte aus Pergamentpapier, deren Spitze abgeschnitten wurde, mit der flüssigen Couverture verzieren. Mit gehackten Pistazien garnieren.
Jeweils 6 Pflaumen in der Mitte anrichten und mit zwei Minzeblättern garnieren. Darauf eine Kugel oder Nocke des Limonen-Sorbets setzen und sofort servieren.

Dreierlei Sorbets

Sorbets müssen unter ständigem Rühren gefroren werden. Diese Arbeit erledigt eine Eismaschine, die es in Haushalts- und Elektrogeschäften zu kaufen gibt. Wer keine Maschine hat, muß das Sorbet alle 10 Minuten aus dem Gefrierfach nehmen und mit einem Schneebesen aufschlagen.

Cassis-Sorbet

*0,3 l Wasser · 130 g Zucker · 350 g Mark
von schwarzen Johannisbeeren (französisch:
cassis) · 0,2 l Mineralwasser*

Limonen-Sorbet

*½ l Wasser · 250 g Zucker · 0,2 l Limonensaft ·
5 cl Zitronensaft · 1 EL Eiweiß*

Passionsfrucht-Sorbet

*¾ l Passionsfruchtmark · 150—180 g Zucker ·
0,12 l Wasser*

Das Wasser und den Zucker zusammen aufkochen und wieder erkalten lassen. Das Cassis-Mark durch ein Haarsieb passieren und dem Zuckerwasser beigeben. Ganz zum Schluß das Mineralwasser einrühren und sofort in der Eismaschine gefrieren.

Das Wasser und den Zucker für das Limonensorbet zusammen aufkochen, vom Herd nehmen und den Zitrussaft in das heiße Zuckerwasser rühren. Langsam abkühlen lassen und durch ein Haarsieb passieren. Wenn das Gemisch nur noch lauwarm ist, das Eiweiß einrühren und sofort in der Eismaschine gefrieren.

Kaufen Sie nur ganz reife Passionsfrüchte, die eine vertrocknete braune Schale haben. Sie sind süßer und aromatischer, auch wenn sie nicht besonders schön aussehen.
Die Passionsfrüchte halbieren, das Fruchtmark und die Kerne mit einem Löffel ausschaben. Zusammen mit Zucker und Wasser aufkochen. Außerhalb des Kühlschranks auf ca. 30—40°C erkalten lassen und anschließend durch ein Sieb passieren, um die Kerne zu entfernen. In der Eismaschine gefrieren.

Bemerkung:

Das benötigte Bruttogewicht kann nicht genau angegeben werden, weil der Fruchtanteil im Verhältnis zu Schale und Kernen sehr unterschiedlich ist. Ebenso soll die Angabe der Zuckermenge nur Richtlinie sein, weil der Fruchtzuckeranteil vom jeweiligen Reifegrad abhängt.

Granité von Champagner mit Himbeeren und Pfirsichen

Die kleinen weißfleischigen Pfirsiche aus Südfrankreich, seltener aus Italien, sind die aromatischsten. Wenn sie reif sind, duften sie intensiv.

Granité
120 g Himbeerpüree · ½ Flasche Champagner brut · 4 EL Zitronensaft · 165 g (gut ⅛ l) Läuterzucker (s. Bemerkung)

Obst
4 weiße französische Pfirsiche · ½ Flasche Champagner (oder Sekt) · ½ EL Zitronensaft · 30—50 g Zucker · 200 g Himbeeren

Himbeerpüree durch ein Haarsieb streichen und anschließend mit Champagner, Zitronensaft und Läuterzucker vermischen. In ein flaches Metallgefäß füllen und zum Gefrieren in das Tiefkühlgerät stellen.

Pfirsiche kurz überbrühen, schälen, halbieren und in etwas Champagner mit Zitronensaft und Zucker pochieren.

Fertigstellung:

Die erkalteten Pfirsichhälften mit der Schnittfläche nach unten auf vorgekühlten Schalen anrichten. Von dem gefrorenen Granité mit einem Löffel Schnee abschaben und locker um die Früchte häufen. Mit Himbeeren und nach Belieben etwas Minze garnieren. Eventuell mit etwas Himbeermark verzieren.

Bemerkung:

Läuterzucker sollten Sie für solche Gelegenheiten — auch zum Mixen von Drinks — immer auf Vorrat im Hause haben: 1 kg Zucker und 1 l Wasser kochen, bis der Zucker vollständig aufgelöst ist.
Hält sich in Flaschen monatelang.

Gewürznelken-Soufflé mit Rumsahne

Ein Dessert für die Weihnachtszeit.

Soufflé

*80 g Butter · 40 g Puderzucker · 1 Prise
Salz · 1 Vanillestange · 4 Eigelb · 70 g dunkle
Couverture · 20 g Walnüsse, fein gerieben ·
80 g Elisenlebkuchen, gerieben · 1 TL Zimt ·
1 TL Lebkuchengewürz · 1 Prise Gewürznelken,
gemahlen · 3 Eiweiß · 60 g Zucker · Butter
zum Einfetten der Formen · grober Zucker*

Rumsahne

¼ l Sahne · 1 TL Puderzucker · 4 cl Rum

Butter und Puderzucker mit 1 Prise Salz und dem Mark einer Vanillestange schaumig rühren. Eigelb nach und nach zugeben. Die aufgelöste Couverture unterrühren. Die feingeriebenen Walnüsse und die Lebkuchenbrösel mit Zimt, Lebkuchengewürz und Gewürznelken unter die Masse heben. Eiweiß mit Zucker zu festem Schnee schlagen und vorsichtig unterheben. Nicht rühren, da die Masse sonst leicht zusammenfällt.

Vier Auflaufförmchen (6—7 cm Ø) mit Butter einfetten und mit grobem Zucker ausstreuen. Die Masse bis einen $\frac{1}{2}$ cm unter den Rand einfüllen. Die Förmchen in ein fast kochendes Wasserbad setzen, welches mindestens bis zur Hälfte der Förmchen reichen sollte.

Die Sahne mit dem Zucker halbsteif schlagen und mit Rum aromatisieren.

Fertigstellung:

Die Soufflés im vorgeheizten Ofen bei 250°C 20 Minuten backen. Diese Hitze muß erreicht sein, wenn Sie die Förmchen hineinstellen, da die Soufflé-Masse sonst nicht aufgeht.

Die Soufflés auf tiefe Teller stürzen und zur Hälfte mit der Rumsahne nappieren.

Bemerkung:

In der klassischen Form wird ein Soufflé nicht gestürzt. Da es aber gestürzt viel angenehmer zu essen ist, empfiehlt es sich in diesem Fall, von der Regel abzuweichen.

Nuß-Soufflé mit Apfelsauce

Gravensteiner schmecken frisch und besonders fruchtig. Es gibt sie aber nur kurz ab Anfang September, man kann sie nicht lange lagern. Nehmen Sie sonst Boskop, die fast den ganzen Herbst und Winter zu haben sind.

Apfelsauce

5 cl Weißwein · 50 g Zucker · 200 g Gravensteiner oder Boskop, geschält, ohne Kerngehäuse · 2 cl Calvados · 0,1 l Champagner · 0,2 l Wasser

Soufflé

75 g Butter · 3 Eigelb · 90 g Zucker · 3 Eiweiß · 3 cl Cognac · 3 cl Nußlikör · 75 g geriebene Haselnüsse · 75 g Biskuitbrösel · Butter und Zucker für die Formen

Garnitur

2 EL eingemachte Preiselbeeren

Den Weißwein mit dem Zucker aufkochen und die Äpfel in Stücken darin pochieren, bis sie gut weich sind. Im Sud abkühlen lassen und die übrigen Zutaten beifügen. Im Mixer pürieren und durch ein Sieb streichen.

Butter und Eigelb mit der Hälfte des Zuckers gut schaumig rühren. Dem Eiweiß etwas von der anderen Zuckerhälfte beigeben und den Rest, während das Eiweiß zu Schnee geschlagen wird, langsam einrieseln lassen. Das Eiweiß sollte nicht zu stark geschlagen werden, also nicht flockig sein.
Den Schnee mit der Eigelbmasse mischen, Alkohol, Haselnüsse und Biskuitbrösel zugeben, alles vorsichtig unterheben.

Den Sirup von den Preiselbeeren waschen und die Beeren auf einem Tuch trockentupfen.

Wasser in einem flachen feuerfesten Gefäß bis zum Siede-punkt erhitzen. 4 kleine Auflaufförmchen (8 cm Ø) mit Butter einfetten und mit Zucker ausstreuen. Die Soufflé-Masse bis zum Rand einfüllen und die Förmchen in das Wasserbad setzen. Die Förmchen sollten mindestens bis zu drei Viertel ihrer Höhe im Wasser stehen. Achten Sie jedoch darauf, daß kein Wasser in die Nußmasse gerät. Bei 220°C ca. 20 Minuten im Ofen garen. Die Apfelsauce leicht erwärmen und die abgewaschenen Preiselbeeren in die Sauce geben. Die Soufflés auf tiefe Teller stürzen und mit der Sauce servieren.

Grieß-Soufflé
mit Kirschkompott

Am besten schmecken die schwarzen Herzkirschen oder italienische Duroni.

Kirschkompott
*500 g Süßkirschen · 0,4 l Kirschsaft
(fertig gekauft, z. B. im Reformhaus) · eventuell
Zucker und Zitronensaft*

Soufflé
*0,7 l Milch · 90 g Grieß · 45 g Butter · 1 Prise
Salz · abgeriebene Schale von 1 Zitrone ·
6 Eiweiß · 45 g Zucker · 6 Eigelb · Butter und
Zucker für die Formen*

Die Kirschen entsteinen und den Saft aufkochen. Die Früchte 5 Minuten darin pochieren. Saft abgießen und diesen noch 5 Minuten einkochen. Eventuell mit Zucker und Zitronensaft abschmecken. Die Früchte in dem Sud am besten einen halben Tag ziehen lassen. Sollten sie dann noch nicht gar sein, können sie im Sud nochmals aufgekocht werden, dann wieder abkühlen lassen.

Die Milch zum Kochen bringen und den Grieß einrühren. Butter, 1 Prise Salz sowie Zitronenschale zugeben und den Grieß bei reduzierter Hitze ca. 15 Minuten ausquellen, dann den Brei erkalten lassen.
Die Eiweiß zu Schnee schlagen, dabei den Zucker nach und nach zugeben. In einer separaten Schüssel die Eigelb verrühren, den erkalteten Grieß damit vermischen und glattrühren. Den Eischnee unterheben.
Auflaufförmchen (ca. 8 cm Ø) mit Butter einfetten und mit Zucker ausstreuen. Auf dem Herd Wasser in einem flachen feuerfesten Gefäß zum Kochen bringen. Die Soufflé-Masse in die Förmchen einfüllen und diese in das kochende Wasser setzen. Die Förmchen sollten mindestens zwei Drittel im Wasser stehen; achten Sie jedoch darauf, daß kein Wasser in die Soufflé-Masse gerät. Bei 250°C im Ofen ca. 20 Minuten garen.

Fertigstellung:
Die Soufflés stürzen und mit dem kalten Kirschkompott servieren.

Quark-Soufflé
mit Birnensauce

Damit das Soufflé gelingt, das Eiweiß sehr langsam (Stufe 1 beim Handrührer oder besser noch mit der Hand) zu einem sanften, ganz feinporigen Schnee schlagen.

Quark-Soufflé

200 g Quark (20 %) · 3 Eigelb · abgeriebene Schale von ½ Zitrone · 4 Eiweiß · 70 g Zucker · Butter und Zucker für die Förmchen

Birnensauce

0,4 l Weißwein · Saft von ½ Zitrone · 75 g Zucker · 3 Williamsbirnen · 4 cl Williams-birnen-Brand

Garnitur
1 Schälchen Walderdbeeren

Den Quark mit den Eigelb verrühren und die abgeriebene Schale einer halben Zitrone zugeben. Eiweiß mit dem Zucker zu weichem Schnee schlagen (er darf nicht flockig sein) und vorsichtig unter die Quarkmasse heben.

Weißwein mit Zitronensaft und Zucker aufkochen. Die geschälten und geviertelten Birnen darin pochieren. Den Birnengeist zugeben und abkühlen lassen. Im Mixer pürieren und durch ein Sieb streichen.

Fertigstellung:

Wasser in einem flachen feuerfesten Gefäß bis zum Siedepunkt erhitzen. Kleine Auflaufförmchen (8 cm Ø) mit Butter einfetten und mit Zucker ausstreuen. Die Soufflé-Masse einfüllen und die Förmchen in das Wasserbad setzen. Die Förmchen sollten mindestens bis zu drei Viertel ihrer Höhe

im Wasser stehen. Achten Sie darauf, daß kein Wasser in die Quarkmasse gerät.
Bei 250°C im Ofen ca. 18 Minuten garen. Die Walderdbeeren zur Birnensauce geben. Die Soufflés auf tiefe Teller stürzen und sofort mit der lauwarmen Sauce servieren.

Bemerkung:
Die Zugabe von Wein und Birnengeist kann bei besonders aromatischen Birnen reduziert werden.

Baby-Ananas
auf Honigeis-Sauce

Baby-Ananas, z.B. aus Südafrika, sind nur handspannenlang. Seien Sie trotzdem beim Schälen großzügig, die schwarz behaarten Augen müssen vollständig weggeschnitten werden. Ersatzweise eine große Frucht von der Elfenbeinküste nehmen.

Ananas
2 Baby-Ananas

Honigeis-Sauce
0,35 l Milch · 95 g Tannenhonig · 5 Eigelb ·
35 g Zucker · 0,1 l Champagner · 1 TL Zitronensaft · 0,2 l Schlagsahne

Garnitur
1 Schälchen Walderdbeeren · 1 kleines Bund
Minze (s. S. 242)

Die Ananas schälen, den Strunk ausstechen und die Früchte in 1—2 cm dicke Scheiben schneiden.

Milch und Honig zusammen aufkochen. Eigelb und Zucker in einer Metallschüssel schaumig schlagen und die kochendheiße Milch in dünnem Strahl langsam zugeben. Die Schüssel in ein heißes Wasserbad setzen und die Masse »zur Rose abziehen«. Abkühlen lassen, nun Champagner und Zitronensaft zugeben, und die steif geschlagene Sahne unterheben. In der Eismaschine halbfest gefrieren lassen.

Fertigstellung:

Das Honigeis leicht temperieren und glattrühren, bis es die Konsistenz einer Sauce hat. Auf großen, flachen Tellern einen Spiegel ausgießen. Die Ananasscheiben darauflegen, mit Walderdbeeren und Minzeblättern garnieren, in die Mitte eine Rose aus einer Ananasscheibe setzen.

Nach Belieben können als Garnitur auch gehackte Pistazien und kandierte Orangenschalen verwendet werden.

Rhabarber-Tarte

Schmeckt am besten lauwarm.

Für einen Kuchen von 25—28 cm Ø:

Mürbeteig

*250 g Mehl · 1 Prise Salz · 125 g Butter ·
1 TL Milch · 100 g Zucker · 2 Eigelb*

Belag

*500 g geschälter Rhabarber · 2 EL Butter ·
50 g Löffelbiskuit, fein gerieben · 150 g Zucker ·
1 Ei · 1 EL Puderzucker*

Die Teigzutaten schnell vermengen und mindestens 30 Minuten im Kühlschrank ruhen lassen. Die Mengenangaben sind für ca. 2 Böden berechnet, da sich der Teig in kleineren

Mengen nur schwer herstellen läßt. Verwenden sie 250 g Teig für diese Tarte; der Rest läßt sich gut zur späteren Verwendung einfrieren.

Die Rhabarberstangen schälen und in ca. 5 cm lange Stücke schneiden.

Fertigstellung:

Den abgewogenen Teig dünn ausrollen und mit zwei Dritteln davon den Boden und die Seitenwände einer gefetteten Obstbodenform auslegen (Boden und Seitenstreifen ausschneiden).

Zwei Drittel der Biskuitbrösel mit der Hälfte des Zuckers mischen und auf den Boden streuen. Den Rhabarber darauf verteilen, die restlichen Brösel mit dem verbliebenen Zukker und der übrigen Butter vermischen und darüberstreuen. Das restliche Teigdrittel wieder dünn ausrollen und den Kuchen damit abdecken. Mit einer Gabel den Rand dieses Deckels gegen die Teig-Seitenwande drücken, damit eine dichte Verbindung hergestellt ist. Den Deckel mehrfach einstechen, damit der Dampf entweichen kann. Mit dem verquirlten Ei einpinseln.

Die Tarte bei 220°C ca. 25 Minuten backen. Vor dem Servieren mit dem Puderzucker bestäuben.

Feine Apfel-Tarte
mit Rumsahne

Pro Person rechnet man eine ganze — kleine — Tarte. Setzen Sie sie zum Backen auf Backpapier, von dort kann man sie mühelos abheben.

Tarte
350 g Blätterteig (s. S. 286) · 30 g Marzipanrohmasse · 1 EL gemahlene Haselnüsse · 4 Äpfel (z. B. Cox Orange oder Gravensteiner) · 2 EL Aprikosenmarmelade

Rumsahne
¼ l Sahne · 1 EL Zucker · 4 cl Rum

Garnitur
2 EL Hagelzucker

Den Blätterteig 1 mm dick ausrollen und im Kühlschrank 1 Stunde ruhen lassen, damit er später beim Backen die Form behält. Runde Scheiben von ca. 15—17 cm Ø ausstechen.

Das Marzipan mit den Haselnüssen und etwas Wasser vermischen, so daß es streichfähig wird. Die Marzipanmasse ganz dünn auf die Böden streichen.

Die Äpfel schälen, halbieren und die Kerngehäuse entfernen. Die Apfelhälften in ganz dünne Scheiben schneiden und diese fächerförmig auf den Boden schichten.

Die Aprikosenmarmelade auf dem Herd mit 1 EL Wasser erhitzen und glattrühren.

Die Sahne mit dem Zucker halbsteif schlagen und mit Rum aromatisieren.

Die Tartes bei 220°C 15—20 Minuten backen, herausneh-men und die Aprikosenmarmelade mit einem Pinsel dünn auftragen. Auf große Teller geben und mit der Rumsahne umgießen.

Mit Hagelzucker bestreuen und sofort servieren, da der Blätterteig sonst weich wird.

Bemerkung:

Man kann die Tartes auch backfertig vorbereiten, einfrie-ren und dann à la minute (unaufgetaut) zum Backen in den Ofen schieben, wobei sich die Backzeit etwas verlängert. Beste Qualität allerdings erreicht man nur bei frischer Zu-bereitung.

Zitronenkuchen, lauwarm, mit Walderdbeeren

Das dürfte Ihr Standard-Dessertkuchen werden, denn er ist wirklich leicht zu machen und schmeckt wundervoll!

Für einen Kuchen von 25—28 cm Ø:

Zitronencreme
*500 g Crème fraîche · 3 Eier · 80 g Zucker ·
Saft von 2 Zitronen · abgeriebene Schale
von 3 Zitronen*

Mürbeteig
*250 g Mehl · 1 Prise Salz · 125 g Butter ·
1 TL Milch · 100 g Zucker · 2 Eigelb*

Garnitur
*Walderdbeeren · $\frac{1}{8}$ l Sahne · etwas Zucker ·
eventuell etwas Vanillezucker*

Die Crème fraîche in einer Schüssel mit den Eiern gut durchschlagen, dabei aber nicht schaumig rühren. Zucker, Zitronensaft und abgeriebene -schale zugeben. Diese Masse im Kühlschrank 2 Stunden ruhen lassen.

Die Teigzutaten schnell vermengen und für mindestens 25 Minuten kühl stellen.
Die Mengenangaben sind für ca. 2 Kuchen berechnet, da sich der Teig in kleineren Mengen nur schwer herstellen läßt. Den Rest kann man aber sehr gut zur späteren Verwendung einfrieren.
Sie benötigen ca. 150 g Teig für diesen Zitronenkuchen.

Die Walderdbeeren verlesen. Die Sahne halbsteif schlagen.

Fertigstellung:
Eine Obstkuchenform von ca. 25—28 cm Ø mit dem dünn ausgerollten Mürbeteig auslegen. Teigboden mit einer Gabel in kleinen Abständen einstechen.
Den Boden bei 200°C im Ofen ca. 20 Minuten blindbacken (s. S. 73). Die Zitronencreme auf dem vorgebackenen Mürbeteig verteilen und bei 130°C im Ofen 60—70 Minuten eher stocken lassen als backen: Der Kuchen soll keine Farbe nehmen und vor dem Anschneiden ca. 10 Minuten ruhen.
Portionsstücke schneiden, lauwarm auf Tellern anrichten und mit Walderdbeeren und halbsteif geschlagener, nur leicht gesüßter Sahne garnieren.

Vanillekipferl

Auf Vorrat backen, damit Sie immer etwas Gebäck zum Kaffee im Haus haben. In gut verschlossenen Blechdosen halten sich die Kipferl 1 Woche, doch am besten schmecken sie ganz frisch.

Teig

*280 g Mehl · 200 g weiche Butter · 100 g geriebene
Mandeln · 70 g Zucker · 1 Vanilleschote, das
Mark · 1 Msp Backpulver · 1 Eiweiß*

Überzug

50 g Puderzucker · 2 Päckchen Vanillezucker

Schnell alle Zutaten zu einem Teig verkneten und für 1 Stunde kalt stellen.
Kleine Kipferl (Hörnchen) formen und bei 180°C hell backken.

In dem Gemisch aus Puder- und Vanillezucker wälzen.

Berliner Krapfen, Fastnachtskrapfen

Sie schmecken am besten lauwarm, frisch aus dem Fettopf.

Für 12—15 Stück:

*0,15 l Milch · 20 g Hefe · 40 g Zucker ·
250 g Mehl · 1 Ei · 2 Eigelb · 1 Prise Salz ·
abgeriebene Schale von $\frac{1}{2}$ Zitrone · 30 g Butter*

*Öl oder Pflanzenfett zum Backen · Marmelade
zum Füllen · Zimtzucker zum Bestreuen*

Die Milch auf ca. 30°C erwärmen, die Hefe und den Zucker darin auflösen und mit einem Viertel des Mehles einen Vorteig herstellen, den man 10 Minuten gehen läßt. Den Rest des Mehles mit den übrigen Zutaten zugeben und gut durchkneten, bis sich der Teig vom Schüsselrand löst. Erneut ca. 20 Minuten an einem warmen Ort gehen lassen,

dann den Teig kurz zusammenschlagen und in gleich große, ca. 40 g schwere Stücke schneiden.

Ein mit einem Tuch bedecktes Backblech mit Mehl bestäuben, die Berliner in gutem Abstand daraufsetzen, die Oberfläche ebenfalls mit Mehl bestäuben und mit einem zweiten Tuch abdecken. Die Krapfen in ca. 20—30 Minuten auf
die doppelte Größe aufgehen lassen.

Das Fett in einer großen flachen Kasserolle auf ca. 170°C
erhitzen. Die Temperatur mit einem kleinen Stück Weißbrot testen. Beim ersten Backvorgang wird der Topf abge-
deckt und die untere Hälfte der Krapfen goldgelb gebacken,
dann die Krapfen umdrehen. Jede Serie ein zweites Mal,
dann ohne Deckel, backen.

Die fertig gebackenen Berliner auf ein Gitter setzen, mit
Zimtzucker bestreuen und mit einer Spritztüte Marmelade
einfüllen.

Gratinierte Walderdbeeren
mit Rhabarber und Krokanteis

nach Manfred Schwarz

Das Krokanteis bereiten Sie am besten schon Stunden vorher zu. Nehmen Sie es aber rechtzeitig vor dem Servieren
aus dem Kühlschrank, damit es eine angenehme Konsistenz bekommt.

Rhabarber

*4 dünne Stangen Rhabarber · $\frac{1}{4}$ l Wasser ·
125 g Zucker · 1 Schälchen Walderdbeeren*

Quarkmasse

*250 g Quark · 40 g Zucker · 25 g Mondamin ·
etwas Zitronenschale · 2 Eiweiß · 50 g Zucker*

Krokanteis

50 g Zucker · 125 g Milch · 125 g Sahne ·
3 Eigelb · 100 g Krokant · 1 cl Rum

Rhabarber schälen und in 4 cm lange Stifte schneiden. Wasser und Zucker aufkochen, die Rhabarberstifte darin kurz ziehen, dann abtropfen lassen und sternförmig auf 4 Tellern auslegen.

Quark, 40 g Zucker, Mondamin und Zitronenschale verrühren. Eiweiß mit 50 g Zucker aufschlagen und vorsichtig unter die Masse heben. Dann kreisförmig so auf dem Rhabarber verteilen, daß die Rhabarberstifte noch 3 cm vom Tellerrand hervorschauen. Darüber die Walderdbeeren lose verteilen. Im Ofen bei 300°C Oberhitze gratinieren.

Zucker, Milch und Sahne aufkochen. Eine Schöpfkelle davon auf die 3 Eigelb geben und verrühren. Dann Krokant und Rum zum Milch-Sahne-Gemisch geben und in eine mit Eis gefüllte Schüssel stellen. Die Masse kaltrühren, dann durch ein Sieb passieren und gefrieren lassen.

Fertigstellung:
Krokanteis eiförmig ausstechen, in die Mitte der Teller setzen und Krokantspäne darüberstreuen.

Grundrezepte

Consommé — Rinderkraftbrühe

Ergibt ca. 2 Liter:

Knochenbrühe

*2 kg Rinderknochen · 3,5 l Wasser · Salz ·
1 Karotte · 1 Stück Lauch · 1 Stück Staudensellerie · 1 Zweig Liebstöckel · 1 Zwiebel*

Consommé

*500 g Rindfleisch (Hesse) · 80 g Staudensellerie ·
80 g Karotten · 80 g Lauch · 4 Eiweiß ·
2,5 l Knochenbrühe · Salz*

Die Knochen in kochendem Salzwasser blanchieren, abgießen und mit kaltem Wasser so lange abspülen, bis sie erkaltet sind. Auf einem Sieb abtropfen lassen und mit 3,5 l kaltem Wasser in einem großen Topf ansetzen. Zum Kochen
bringen, salzen und 3 Stunden köcheln lassen. Dann das geputzte, grobgewürfelte Gemüse und Liebstöckel beigeben.
Die Zwiebel halbieren, die Schnittflächen auf der heißen
Herdplatte schwärzen und ebenfalls zugeben. Nochmals
1 Stunde kochen lassen. Dann die Einlagen abpassieren
und die Brühe zum Erkalten in den Kühlschrank stellen.

Das Rindfleisch durch die grobe Scheibe des Fleischwolfes
drehen und mit den geputzten, grobgewürfelten Gemüsen
und dem Eiweiß gut vermischen. 2,5 l kalte Knochenbrühe
aufgießen und unter mehrfachem Rühren aufkochen. Vom
Herd nehmen und 5 Minuten stehenlassen.
Abpassieren und mit Salz abschmecken.

Fond blanc — Kalbsfond

2 kg Kalbsknochen oder -parüren · 60 g Butter ·
1 Stück Staudensellerie · 1 Stange Lauch ·
2 Karotten · 2 Schalotten · Salz · 1 Lorbeerblatt ·
0,2 l Weißwein · 3 l Wasser

Die Knochen klein hacken. Die Butter in einem hohen Topf
schmelzen und die Knochen mit den geputzten und grobgewürfelten Gemüsen darin anschwitzen, ohne sie Farbe
nehmen zu lassen. Leicht salzen, das Lorbeerblatt zugeben
und mit dem Weißwein ablöschen. Den Knochenansatz völlig abkühlen lassen. Dies ist wichtig, damit der Fond später
klar wird.
Mit kaltem Wasser auffüllen und zum Kochen bringen. Nach
zweistündiger Kochzeit abpassieren und portionsweise auf
Vorrat einfrieren.

Geflügelfond

1 Suppenhuhn à 800 g oder 1 kg Geflügel-
knochen · 30 g Butter · 1 Stück Staudensellerie ·
1 Stück Lauch · 1 Karotte · 1 Schalotte ·
Salz · ½ Lorbeerblatt · 0,1 l Weißwein, gute,
trockene Qualität · 1,5 l Wasser

Das Suppenhuhn halbieren oder die Karkassen klein hakken. Die Butter in einem hohen Topf schmelzen und die
Knochen bzw. das Huhn mit den grobgewürfelten Gemüsen
darin anschwitzen, ohne beides Farbe nehmen zu lassen.
Leicht salzen, das Lorbeerblatt zugeben und mit dem Weißwein ablöschen. Völlig erkalten lassen. Dies ist wichtig, damit der Fond später klar wird.
Mit dem kalten Wasser auffüllen und zum Kochen bringen.
nach zweistündiger Kochzeit abpassieren und portionsweise
auf Vorrat einfrieren.

Fischfond

*500 g Fischgräten (Steinbutt und Seezunge) ·
30 g Butter · 2 Schalotten · 2 Champignonköpfe ·
1 Stück Lauch · 1 Stück Staudensellerie ·
1 Tomate, enthäutet und entkernt · ¼ Zitrone, geschält · 5 weiße Pfefferkörner · 1 Thymianzweig · Salz · ¼ l trockener Weißwein · 1 l Wasser*

Die Fischgräten gut wässern, anschließend auf einem Sieb
abtropfen lassen.
Gemüse waschen und grob würfeln. Die Butter in einem
Topf schmelzen und die Gemüse mit der Zitrone und den
Gewürzen darin anschwitzen. Die Fischkarkassen zugeben,
salzen, mit Weißwein ablöschen und mit ca. 1—1,5 l Wasser
auffüllen.
Ca. 20 Minuten köcheln lassen und während dieser Zeit öfters abschäumen. Abpassieren und eventuell portionsweise
einfrieren.

Brauner Kalbsfond (Jus)

*1 kg Kalbsknochen · Öl zum Anbraten ·
2 EL Tomatenmark · 1 Zwiebel · 1 Stück Staudensellerie · 2 Tomaten · 5 Petersilienstengel ·
1 kleiner Zweig Rosmarin · 2 Lorbeerblätter ·
10 g weiße Pfefferkörner · Salz · 20 g Butter ·
0,1 l Weißwein · 5 cl Madeira · 2 l Wasser*

Die Knochen in kleine Stücke hacken und in einer flachen
großen Kasserolle oder einem Bräter mit wenig Öl im Ofen
Farbe nehmen lassen. Das Tomatenmark zugeben und nochmals ca. 5 Minuten rösten. Die grobgewürfelte Zwiebel,
Staudensellerie, Tomaten, Kräuter und Gewürze beigeben,

leicht salzen, die Butter zufügen und bei offener Tür und reduzierter Hitze weitere 15 Minuten im Ofen lassen.

Mit Weißwein und Madeira ablöschen und völlig erkalten lassen. Dies ist wichtig, damit der Fond später klar wird. Mit dem kalten Wasser aufgießen und zum Kochen bringen.

In einen Topf umfüllen und ca. 3 Stunden auf dem Herd köcheln lassen. Dabei öfters abschäumen und entfetten. Mit Salz abschmecken, abpassieren und portionsweise (z.B. in Eiswürfelschalen oder kleinen Gefäßen) auf Vorrat einfrieren.

Brauner Lammfond (Jus)

*1 kg Lammknochen · Öl zum Anbraten ·
2 EL Tomatenmark · 1 Zwiebel · 1 Stück Staudensellerie · 2 Tomaten · 5 Petersilienstengel ·
1 kleiner Zweig Rosmarin · 1 kleiner
Zweig Thymian · 1 Knoblauchzehe · 10 g weiße
Pfefferkörner · Salz · 20 g Butter · 0,1 l Weißwein · 5 cl Madeira · 2 l Wasser*

Die Knochen in kleine Stücke hacken und in einer flachen, großen Kasserolle oder einem Bräter mit wenig Öl im Ofen Farbe nehmen lassen. Tomatenmark zugeben und 5 Minuten mitrösten. Die grobgewürfelte Zwiebel, Staudensellerie, Tomaten, Kräuter und Gewürze beigeben, leicht salzen, die Butter beigeben und bei offener Tür und reduzierter Hitze weitere 15 Minuten im Ofen stehenlassen. Mit Weißwein und Madeira ablöschen und völlig erkalten lassen. Das Abkühlen ist wichtig, damit der Fond später klar ist. Mit dem kalten Wasser aufgießen und zum Kochen bringen.

In einen Topf umgießen und ca. 3 Stunden köcheln lassen. Dabei öfters abschäumen und entfetten.

Abpassieren und portionsweise (z.B. in Eiswürfelschalen oder kleinen Gefäßen) auf Vorrat einfrieren.

Brauner Geflügelfond (Jus)

1 kg Geflügelknochen · Öl zum Anbraten ·
1 EL Tomatenmark · 1 Stück Staudensellerie ·
2 Tomaten · 1 Zwiebel · 5 Petersilien-
stengel · 1 kleiner Rosmarinzweig · 1 Lorbeer-
blatt · 10 g weiße Pfefferkörner · Salz ·
20 g Butter · 0,1 l Weißwein · 5 cl Madeira ·
2 l Wasser

Die Knochen klein hacken und in einer flachen, großen Kasserolle oder einem Bräter mit wenig Öl bei 220°C im Ofen Farbe nehmen lassen. Tomatenmark zugeben und nochmals 5 Minuten rösten.

Die grobgewürfelten Gemüse, Zwiebel, Kräuter und Gewürze beigeben, leicht salzen, Butter zugeben und bei offener Backofentür weitere 15 Minuten im Ofen stehenlassen. Mit Weißwein und Madeira ablöschen und völlig erkalten lassen. Dies ist wichtig, damit der Fond später klar ist. Mit kaltem Wasser aufgießen und zum Kochen bringen. In einen Topf umfüllen und ca. 3 Stunden köcheln lassen. Öfters abschäumen und entfetten.

Abpassieren und portionsweise (z.B. in Eiswürfelschalen oder kleinen Gefäßen) einfrieren.

Brauner Wildfond (Jus)

*1 kg Wildknochen und -parüren, zerhackt in
kleine Stücke*

Marinade

*2 Zwiebeln · 1 Karotte · 2 Schalotten ·
2 Petersilienstengel · 1 Stück Lauch · 1 Thymianzweig · 1 Lorbeerblatt · 1 Nelke · 10 Pfefferkörner · 10 Korianderkörner · 10 Wacholderbeeren · 2 cl Rotweinessig · Salz · 1 l Rotwein ·
1 Knoblauchzehe*

Fond

*4 cl Öl zum Anbraten · Salz · 1 l Rotwein ·
5 g weiße Pfefferkörner · 25 Wacholderbeeren ·
1 Lorbeerblatt · 3 Egerlinge · ½ EL Preiselbeeren · 3 cl Rotweinessig · 1 l Wasser
oder Fond blanc*

Die Knochen und Parüren vom Wild 2 Tage in die Marina-
denzutaten einlegen, dann die Flüssigkeit abpassieren und
zur Seite stellen.

Die marinierten Knochen mit den festen Marinadenbestand-
teilen in einer flachen Kasserolle oder einem Bräter mit der
Hälfte des Öls gut anrösten und leicht salzen. Mit wenig Rotwein ablöschen und die Flüssigkeit einkochen lassen.

Diesen Vorgang wiederholen, bis drei Viertel des Rotweins
verbraucht sind. Die weißen Pfefferkörner zerdrücken und
mit dem restlichen Öl anrösten. Die Wacholderbeeren ebenfalls zerdrücken. Beides mit dem Lorbeerblatt, den Egerlingen, den Preiselbeeren und dem Essig zugeben. Mit dem
Wasser oder Fond blanc, dem restlichen Rotwein und der
Hälfte der abpassierten Marinade aufkochen und ca. 1 Stunde köcheln lassen.

Abpassieren und, je nach Bedarf, portionsweise auf Vorrat
einfrieren.

Blätterteig

Ergibt ca. 1 kg Teig:

Teig

400 g Mehl · 10 g Salz · 0,15 l Wasser · 1 Eigelb

Buttermischung

500 g Butter · 100 g Mehl

Aus den Zutaten für die Teigmischung einen glatten Teig kneten und 20 Minuten im Kühlschrank ruhen lassen.

500 g Butter mit 100 g Mehl ebenfalls gut verkneten und kühlen.

Es ist darauf zu achten, daß beide Mischungen bei der Verarbeitung die gleiche Konsistenz haben, damit sie sich gleichmäßig verbinden.

Den Teig auf der Arbeitsfläche zu einem runden Fladen von ca. 3 cm Dicke ausrollen. In die Mitte dieser Platte die Buttermischung setzen und zu einem Quadrat austreiben, das bis 4 cm an den Rand der Teigfläche reicht. Die vier überstehenden Teiglappen über die Butter schlagen, so daß diese vollkommen eingeschlossen ist. Dieses Paket wieder (nicht zu lange) kühl stellen.

Nun wird der Teig auf einer mehligen Arbeitsfläche zu einem Rechteck von 15 mm Dicke ausgerollt und zur Hälfte zusammengeklappt. Das Paket um 90° drehen, so daß die eben entstandene Falte links oder rechts liegt. Wieder zu einem Rechteck ausrollen und nochmals zur Hälfte zusammenschlagen. Nach jedem Falten werden die Teigschichten mit dem Nudelholz platt gedrückt. Erneut kühl stellen.

Nach dieser Kühlung wird das Paket wieder zu einem Rechteck von 60 cm Länge ausgerollt und in drei Schichten gefaltet, indem man das Rechteck in Gedanken der Länge nach in drei Teile teilt und die beiden äußeren Drittel über das Mittelstück klappt. Wieder mit dem Nudelholz andrükken, indem man einmal darüberrollt. Das Paket erneut um

90° drehen und den Arbeitsvorgang, den man »touren« nennt, wiederholen.
Nachdem der Teig zum Schluß ca. 20 Minuten im Kühlschrank geruht hat, kann er verarbeitet werden. Sie können den Teig auch auf Vorrat herstellen und ihn einfrieren.

Bemerkung:

Das Aufgehen des Teiges beim Backen, das sogenannte Blättern, wird um so stärker und gleichmäßiger, je sorgfältiger man die einzelnen Arbeitsvorgänge ausführt.

Brioche

Eine Kastenform von 35 cm Länge ergibt
ca. 15 Scheiben

375 g Mehl, gesiebt · 25 g Hefe · 0,17 l Milch ·
14 g Zucker · 4 Eigelb · 7 g Salz · 75 g zer-
lassene Butter · 1 Eigelb zum Bestreichen

Das Mehl in eine Schüssel sieben. Die Hefe in der Milch auflösen und mit dem Zucker zugeben. Eigelb und Salz kräftig einrühren und zum Schluß die Butter einarbeiten.
Einen geschmeidigen Teig kneten, mit Frischhaltefolie abdecken und 30 Minuten gehen lassen.
In eine Kastenform geben und nochmals 30 Minuten an einem warmen Ort gehen lassen.
Mit verquirltem Eigelb bestreichen und bei 220 °C backen, bis die Oberfläche braun ist. Mit Alufolie abdecken und weiter 1 Stunde bei 200 °C backen.
Aus der Form auf ein Gitter stürzen und dort abkühlen lassen.

Menüs

Oster-Menü

Geräucherter Schwarzwälder Schinken
mit geschabtem Meerrettich und Ostereiern

Creme von frischen Erbsen mit Römersalat

Waller-Fricassée auf Senfbutter mit Paprika

Zickleinkeule, gebraten, auf Frühlingsgemüsen

Mousse von weißer Schokolade mit Erdbeeren

Weihnachts-Menü

Entengelee mit Kaviarsahne

Lachs in Blätterteig mit Estragonsauce

Rehkitzkeule mit Maronenpüree

Feldsalat mit Kartoffeldressing
und weißen Trüffeln

Gewürznelken-Soufflé mit Rumsahne

Silvester-Menü

Gänsestopfleber naturel im Pfeffermantel

Austern und Lauch mit Blätterteig

Fricassée von Karpfen auf Rote-Bete-Kranz
mit Meerrettich

Granité von Champagner

Emincé vom Fasan in Wacholdersauce

Claire Fontaine à l'Orange

Fachausdrücke

ablöschen
Flüssigkeit an Bratgut gießen

abpassieren
siehe passieren

amuse gueule
kleiner Gabelbissen zum Aperitif

ansautieren
siehe sautieren

Aromaten
Kräuter und andere Zutaten, die zum Würzen verwendet werden

Ausbrechen von Krustentieren
das Fleisch aus dem Panzer oder der Schale lösen

Balsamico
besonders milder alter italienischer Essig aus Traubenmost

Basmati-Reis
besonders aromatischer Langkornreis aus Pakistan oder Bangladesh (siehe S. 143)

Bisque
Cremesuppe von Krustentieren

blanchieren
abwällen, abbrühen, bei grünen Gemüsen auch in Salzwasser garen.

Blitzhacker
Universalzerkleinerer mit hoher Drehzahl

Brioche
französisches Hefegebäck mit viel Butter

Butter klären
siehe klären

Cocotte
feuerfestes Porzellangeschirr, von runder oder ovaler Form, Bräter

Consommé
klare, konzentrierte Geflügel- oder Fleischbrühe

Corail
das Rückenmark beim Hummer, im rohen Zustand grünlich, gekocht korallenrot, auch Geschlechtsteile der Jakobsmuscheln und anderer Schaltiere

Coulis
dicke, püreeartige Sauce

Crème double
dicke Sahne mit besonders hohem Fettgehalt (45%), ursprünglich aus Frankreich; statt dessen kann auch normale Sahne verwendet werden, die um ein Drittel eingekocht wurde

Crème fraîche
saure Sahne mit hohem Fettgehalt (30—40%), ursprünglich aus Frankreich

Croûtons
entrindete, geröstete Weißbrotwürfel oder -scheiben

Egerling
brauner Champignon, auch Steinpilzchampignon genannt

Emincé
dünne Scheiben von Geflügel oder Wild

Farce
eine Masse, meist Fisch oder Fleisch, die sehr feingehackt oder durch den Fleischwolf getrieben wurde und dann sehr

kalt mit Eiern oder Sahne zu feinen Füllungen verarbeitet wird. Sie muß beim Erhitzen abbinden und kann auch für Klößchen verwendet werden

Fond
Grundbrühe für Suppen und Saucen oder die Flüssigkeit, welche beim Kochen, Dünsten oder Braten zurückbleibt und den Geschmack der in ihr gegarten Zutaten aufgenommen hat

Garnitur
Beilage, Verzierungen, bei Suppen und Saucen auch die Einlage

Glace de Viande
Fleischauszug, ein sehr stark reduzierter Fond, der in kaltem Zustand zu schnittfestem Gelee wird. Dient zur geschmacklichen Stabilisierung von Saucen

glacieren
Übergießen der Speisen mit eigenem Saft oder einer zuckerhaltigen Flüssigkeit im letzten Stadium des Garwerdens, um ihnen Glanz zu verleihen

Granité
püriertes Wassereis aus Fruchtsirup

gratinieren
bei starker Oberhitze im Backofen oder unter dem Grill goldbraun überkrusten, überbacken

Grenadins
runde Fleischscheiben, in Butter gebraten

Julienne
gleichmäßige feine Streifen

Jus
Bratsaft, Fleischsaft, brauner Fond

Karkasse
Gerippe, Rumpf von kleinen Tieren und Geflügel

Kasserolle
flacher Brat- oder Schmortopf

klären
1) Suppen- oder Aspikflüssigkeit wird kalt mit Eiweiß vermischt, zum Kochen gebracht und abpassiert. Durch das Erhitzen gerinnt das Eiweiß, umschließt alle festen Bestandteile und bleibt beim Abseihen im Tuch zurück
2) Butter wird geklärt, indem beim Erhitzen die Molke ausfällt und sich abheben läßt, zurück bleibt das reine Butterfett

Krebsnasen
Körperpanzer der Krebse, der die Innereien enthält

marinieren
Fleisch oder Fisch mit Salz und Aromaten würzen und einige Zeit vor Gebrauch einziehen lassen

mehlieren
in Mehl wenden

Mousse
eine feinpürierte Masse, die durch Zugabe von geschlagener Sahne oder Eiweiß schaumartig und sehr locker ist

Mousseron, Mairitterling
Pilzsorte

Nage
Garsud

nappieren
Speisen mit Sauce überziehen

Noilly Prat
trockener französischer Wermut

parieren
Fleisch oder Fisch sauber zurechtschneiden, von Fett, Haut usw. befreien

Parüren
Fleisch- oder Fischabgänge, wie Haut, Sehnen, Fischgräten, Köpfe und Reste, die beim Zurechtschneiden des Fleisches oder Fisches entstehen

passieren
durch ein Sieb streichen, durch ein Tuch seihen

Passiertuch (Etamine)
wenn das Sieb nicht ausreicht, um besonders feine Bestandteile beim Passieren zurückzuhalten, verwendet man ein Passiertuch

pochieren
garziehen in Flüssigkeit knapp unterhalb des Siedepunktes, also bei ca. 95°C

Reduktion
eingekochte, stark konzentrierte Flüssigkeit

reduzieren
Einkochen von Flüssigkeit, wodurch sich beim Kochvorgang durch Verdampfen das Volumen verringert und die Konzentration stärker wird

zur »Rose« abziehen
eine Masse bei mäßiger Hitze so lange aufschlagen, bis sie die Konsistenz erreicht, einen Kochlöffel zu überziehen. Wenn man auf den so bedeckten Löffel bläst, muß sich die Form einer Rose bilden

Rotkappen
Pilzsorte

Salamander
Grillschlange nur mit Oberhitze, z.B. zum Gratinieren, Fachgerät der Gastronomie

Sauternes
französischer Weißwein mit viel Restsüße aus dem Gebiet der Gironde (z.B. Château d'Yquem)

Sauteuse
flache Kasserolle, Schwenkpfanne

sautieren
1) kleine Fleisch- oder Fischstücke rasch anbraten
2) Gemüse oder Teigwaren rasch in Sauce oder Butter durchschwenken

Tomaten schmelzen
enthäutete, entkernte und gewürfelte Tomaten in Butter
verkochen

tournieren
Gemüse auf hübsche, gleichmäßige Form zurechtschneiden
(z.B. oliven- oder facettenförmig)

Trüffeljus
die beim Einkochen von Trüffeln gewonnene Flüssigkeit,
im Handel erhältlich (Dosen)

Vinaigrette
Salatsauce auf Essig-Öl-Basis

wässern
Einlegen von Fleisch in kaltem Wasser, um Blut zu entziehen und eine schöne weiße Farbe zu erreichen (z.B. Hirn
oder Bries)

Verzeichnis der Rezepte nach Sachgruppen

Alphabetisches Rezeptverzeichnis

HEYNE KOCHBÜCHER

*Internationale
Meisterköche
im
Wilhelm Heyne
Verlag*

07/4463 - DM 19,80

07/4487 - DM 14,80

07/4446 - DM 9,80

07/4411 - DM 12,80

07/4413 - DM 19,80

07/4460 - DM 16,80

07/4437 - DM 16,80

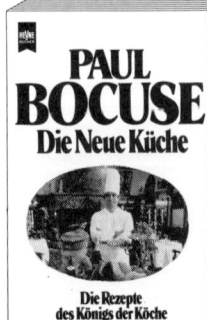

07/4277 - DM 16,80